职业活动导向一体化培训教材

汽车概论

主　编　赵　辉
副主编　涂　晟

中国物资出版社

图书在版编目（CIP）数据
汽车概论/赵辉主编．—北京：中国物资出版社，2012.1
（职业活动导向一体化培训教材）
ISBN 978-7-5047-4044-1

Ⅰ.①汽…　Ⅱ.①赵…　Ⅲ.①汽车—高等职业教育—教材　Ⅳ.①U46

中国版本图书馆CIP数据核字（2011）第226552号

策划编辑　涂　晟　　**责任印制**　何崇杭
责任编辑　田慧莹　　**责任校对**　孙会香　梁　凡

出版发行　中国物资出版社
社　　址　北京市丰台区南四环西路188号5区20楼　**邮政编码**　100070
电　　话　010-52227568（发行部）　010-52227588转307（总编室）
　　　　　010-68589540（读者服务部）　010-52227588转305（质检部）
网　　址　http://www.clph.cn
经　　销　新华书店
印　　刷　北京京都六环印刷厂
书　　号　ISBN 978-7-5047-4044-1/U·0076
开　　本　787mm×1092mm　1/16
印　　张　10　　**版　　次**　2012年1月第1版
字　　数　250千字　　**印　　次**　2012年1月第1次印刷
印　　数　0001—3000册　　**定　　价**　33.00元

内容提要

本书结合“以工作过程”为导向的课程改革思路，本着“够用”“管用”“实用”原则，根据汽车基础知识以及现代高职学生的认知特点，设置了11个模块，每个模块分为若干工作任务。内容包括：汽车发展史，汽车车标文化，认识汽车，汽车总体构造，四冲程汽油发动机，汽车选购、保险和事故处理，汽车驾驶考证与节油驾驶技术，汽车使用，汽车公害与治理，汽车新技术，汽车文化。每个工作任务从任务内容、任务目标、任务实施三个层面展开详细阐述。在每个模块学习内容之前，设置了任务工作单，作为学前预习练习。

本书内容详尽、图文丰富，可作为职业院校汽车类专业的专业基础课程教材；也可作为汽车服务行业从业人员的学习参考书；还可作为汽车发烧友们的参考书。

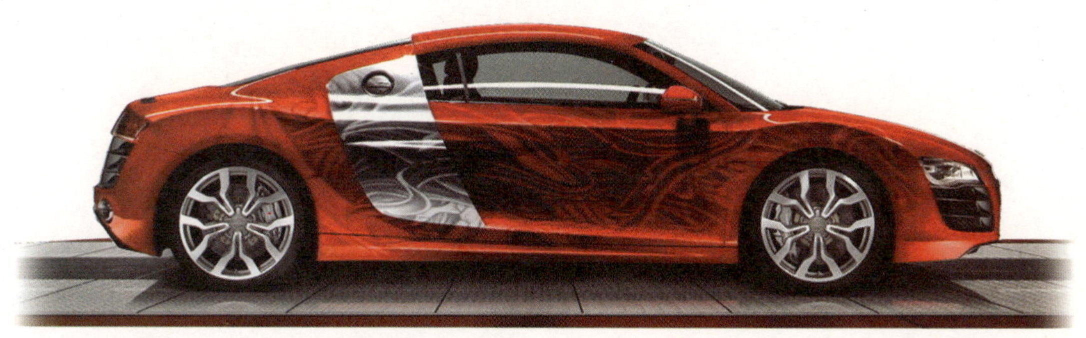

出版说明

《国家中长期教育改革和发展规划纲要》从现代化建设的全局出发，确定了到2020年我国教育发展的战略目标，提出“优先发展、育人为本、改革创新、促进公平、提高质量”的工作方针，并将职业教育作为六大发展任务之一。为更好地完成这一任务，必须进一步深化职业教育教学改革，提高教育教学质量。

高质量的职业教育离不开高质量的职业教育教材。如何真正使得职业教育教材符合现代职业教育特点，达到企业对用工的“学以致用”的要求，是我们一直以来对教材改革、探索的目的。

本着以上精神，我们组织开发了本套“职业活动导向一体化培训教材”。本套教材具有以下特点。

1. 对传统教材固有结构的改变。本套教材强调基于职业活动能力的教学模块分析与整合，每个专向教学模块的内容、知识和技能不是简单的拼凑，而是真正能够体现出实际职业活动的特色。

2. 内容与工作任务的有效融合，注重解决问题和学习能力的培养。工作标准、相关知识、相关技能都是从典型化的工作任务出发，分解而成。每一个学习单元或学习任务都是一个完整的工作过程，注重学生职业能力的提高和持续学习能力的获取。

3. 展现以企业工作场景为平台，校企合作的成果。在编写过程中，组织了多个著名企业人员参与论证，修订内容。从而保证了教材为校企共同研发，而非“传统编写”，体现教材的职业教育价值。

一套好的职业教材，需要不断地在实践中运用、论证、修改才能日益完善，我们组织的这套教材也不例外，存在失误、不足在所难免，恳请各位读者提出指正，以便修订时改进。

前　言

本书按照“以就业为导向，以服务为宗旨”的职业教育目标，根据行业技能需求确定任务，把具有实用性、通用性和启发性的任务作为主要内容，采用模块化教学形式编写而成。

本书作为职业院校汽车类专业基础课教材，在编写思路上，强调本书在课程体系中的作用：“入门课程”“培养意识”“吸引兴趣”。在内容中加强了课本内容与实际应用的结合，知识面具有较强弹性，注重拓宽学生的基础知识，并培养学生自我学习、自我提高的能力，满足多元化、个性化教学的需求。在编写中力求实用性和趣味性相结合，大量运用图文并茂的表现形式，使学生爱看、想看，充分激发学生对专业学习的兴趣，并渴望进一步学习专业知识。

本书按照33学时设计，分为11个模块，对每个章节的学时提出了相应的建议，若有条件可应用网络，对所学知识进行拓展，鼓励学生主动学习，展示自己的学习成果。

本书由北京交通运输职业学院汽车系教研主任赵辉担任主编，中国物资出版社涂晟担任副主编。赵辉负责全书的策划构思和大纲的编写，并编写了模块三～模块六内容，模块八内容；涂晟编写模块七、模块九内容，参与编写模块二内容；北京市交通职业学院汽车系宋明编写模块十、模块十一内容。

本书在编写过程中参阅了大量的文献、资料，在此，对这些文献资料的作者表示真挚的感谢！

由于编者认识水平和工作经历有限，对于书中存在的问题和缺失，我们恳切地希望广大读者给予批评和指正。

编　者

2011年6月

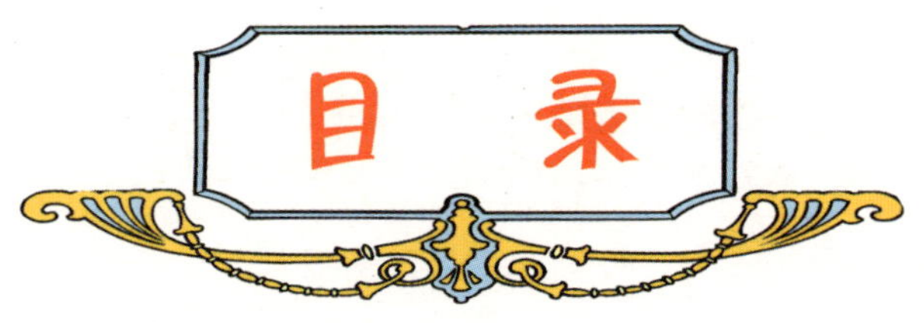
目 录

模块一　汽车发展史

参考学时

4 学时

任务内容

1. 了解世界汽车发展史；
2. 了解中国汽车发展史。

任务目标

1. 能简单叙述汽车的诞生；
2. 能简单叙述世界汽车工业的三次大的变革；
3. 能简单叙述汽车外形的演变；
4. 简单了解汽车发展中的十大技术革新成就；
5. 能简单叙述中国汽车工业的发展过程。

任务实施

先由学员熟悉本任务的工作单，了解任务内容。在学习相关知识点后，利用工作单，在教师的指导下完成本任务，同时完成工作单相关内容的填写。

了解汽车发展史任务工作单

1. 你了解世界汽车发展史吗？德国人在__________年，__________和__________分别制成了装有汽油机的汽车。同年，____________申请了德国帝国专利局的专利。

2. 纵观汽车发展史，汽车外形的变化很大，你能说出相应年代的外形特点吗？

____

____

____

3. 汽车工业发展中有比较重要的三个时期，请简单说一下。

____

____

4. 新中国成立后第一辆汽车是__________生产的__________汽车。

5. 请列举出不少于五个中国目前比较有实力的汽车生产厂家。

任务一　了解世界汽车发展史

1. 汽车的诞生

19世纪末，自行车工业和马车工业已很发达了。自行车所用的钢管构架、滚珠轴承、链条传动、变速齿轮、充气轮胎等都可用在汽车上；而马车的车身技术也可用在汽车车身上；同时自行车和马车的发展促进了公路的建设；轻便适用的内燃机使汽车的实用化成为可能。德国工程师尼古拉斯·奥托（Nikolaus Otto）和鲁道夫·狄塞尔（Rudolf Diesel）为内燃机的发展作出了巨大的贡献。

1876年，德国工程师尼古拉斯·奥托制成了第一台实用的四冲程发动机，这是一台单缸卧式的煤气机，采用曲柄连杆机构，后来人们将四行程循环称为奥托循环。如图1-1所示。在这部发动机上，奥托增加了飞轮，使发动机运转平稳，把进气道加长，又改进了气缸盖，使混合气充分形成。奥托把三个关键的技术思想：内燃、压缩燃气、四冲程融为一体，使这种内燃机具有效率高、体积小、质量轻和功率大等优点。由此奥托被称为“内燃机技术奠基人”而载入史册，成为对人类现代生活影响最为巨大的人物之一。

图1-1　第一台四冲程发动机

柴油机几乎是与汽油机同时发展起来的，它们具有许多相同点，所以在整个内燃机发展史上，它们是相互推动的。在1897年，德国工程师鲁道夫·狄塞尔制成了完全依靠压缩点火燃烧的柴油机。

在奥托机的基础上，戈特利布·戴姆勒（Gottlieb Daimler）与好友（Maybach）合作，在1884年推出了立式发动机，并于1885年4月3日取得德国专利。在1886年，戴姆勒为庆祝妻子埃玛43岁生日，把制成的汽车用汽油机装到四轮马车上，成为世界上第一辆装有汽油机的四轮汽车。如图1-2所示。

图1-2　世界第一辆四轮汽车

1885年，卡尔·本茨（Carl Benz）在曼海姆制成了装有汽油机的三轮车，如图1-3所示，这辆车的发动机是单缸二行程的汽油机，它通过蓄电池与线圈感应产生高压电流而进行点火，时速15km/h。1886年1月29日，本茨将该车申请了专利，并获得德国帝国专利局的批准。

如今，1886年1月29日已被公认为“世界上第一辆汽车诞生日”，而戴姆勒与本茨则被公认为以内燃机为动力的现代汽车的发明者。

图1-3　世界第一辆三轮汽车

相关链接

一次伟大的汽车长途旅行

那是1888年8月暑假的一天，卡尔·本茨的两个儿子欧根（15岁）与理查德（13岁）很想坐爸爸发明的三轮汽车远行，正好妈妈贝塔（38岁）也想回一趟娘家。于是三人便趁本茨还未起床之际，悄悄将汽车推出车棚，又推出院子，估计发动机声音不会惊醒本茨时他们才将汽车启动。

汽车由大儿子欧根驾驶，妈妈坐在一旁辅助，他们缓缓驶出曼海姆，向目的地普福尔茨海姆前进。当时道路较简陋，汽车稳定性也差，因此一路上颠簸不断。

过了维恩海姆后，马路上渐渐热闹起来，他们开始遇到一些马车。汽车发动机"突突"声及硬车轮与地面相挤压的"吱吱"声，吸引了沿途的行人和车夫驻足观看。一辆没有马的马车竟能自动行走，令人们惊奇万分。一些马匹因受惊吓竟使马车翻落路旁。

在上一个土坡时，汽车突然熄火。经贝塔检查，发现是输油管堵塞。贝塔灵机一动，用帽子上的饰针疏通了油管，发动机又转起来。不久，传动链又断了，他们摆弄了好大一会儿才重新接上。走着走着，电线又出现了短路，贝塔截下长袜上的松紧带充当绝缘体。不一会儿，刹车皮又磨坏了，这次他们不得不求助于一位鞋匠才将刹车皮重新修好。

这就是世界上第一次汽车长途旅行。现在看起来不算什么，但当时确实需要巨大的勇气和胆量。贝塔及两个未成年的儿子不仅为本茨日后改进汽车提供了"实验数据"。而且为奔驰汽车作了一次很好的广告。

（资料来源：陈新亚．大画汽车：图解汽车奥秘［M］．北京：化学工业出版社，2010：10-11.）

2. 汽车工业的发展变革

汽车自诞生以来，已经走过了风风雨雨的一百多年。汽车发展史表明：汽车诞生于德国，成长于法国，发展于欧洲，成熟于美国，挑战于日本。一百多年来，汽车业经历了三次大的变革，如下表所示。

汽车业三次变革

时　间	事　件
1913—1927年	美国福特汽车公司安装汽车装配流水线；汽车的装配时间从12.5小时减少到1.5小时，大大提高了生产率。1908—1927年，大众化的T型车共生产了1500多万辆，售价从一辆850美元减少到360美元，可为大多数人接受

续　表

时　间	事　件
20 世纪 50 年代末 60 年代初	第二次世界大战后的经济繁荣使汽车业进入了前所未有的黄金时期。欧洲人不甘心美国汽车一统天下，利用自己的技术优势，针对美国车型单一、体积庞大、油耗高等弱点开发了多姿多彩的新产品。例如，严谨规范的奔驰、宝马；轻盈典雅的法拉利、雪铁龙；雍容华贵的劳斯莱斯、美洲虎；神奇的甲壳虫等。另外，欧盟取消了各国关税，各国汽车在欧洲自由销售，多样化设计变成了最大优势，世界汽车工业重心由美国移向欧洲
20 世纪 60 年代后期	日本在 20 世纪七八十年代完善生产管理，形成精益的生产方式，汽车售价比 20 世纪 50 年代中期下降了 30%～50%，出现普及汽车的高潮。20 世纪 70 年代，中东战争引发石油危机，汽车由豪华气派型转向小型省油型，日本抓住时机，生产节油汽车，占领欧美市场。1980 年，日本汽车产量达到 1100 万辆，超过美国，跃居世界第一位。日本成为美国、欧洲之后的第三个汽车工业发展中心，世界汽车工业发生了从欧洲到日本的第三次转移

3. 汽车外形的演变

从 19 世纪末到 20 世纪初期，汽车设计师把主要精力都用在了汽车机械工程学的发展和革新上。此后，汽车设计者们开始着手从汽车外部造型上进行改进，汽车的车型先后经历了马车型、箱型、流线型、船型、鱼型、楔型、流线硬朗型等阶段。

马车型，1886—1910 年，这个时期汽车都是“敞篷”的，汽车外形简陋，没有车身和底盘，车灯就挂在坐椅旁边，与马车车身没有本质区别。如图 1－4 所示。

图 1－4　马车型汽车

箱型，1915—1930 年，美国福特公司生产的 T 型车，车室部分很像一个大箱子，人们把这类车称为“箱型汽车”。如图 1－5、图 1－6 所示，该车型因结构紧凑、紧固

耐用、容易驾驶、价格低廉而受到欢迎，并以产量之高而著称于世。

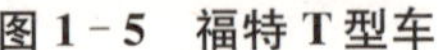
图 1-5 福特 T 型车

图 1-6 箱型汽车

流线型，1930—1950 年，为了减少空气动力阻力，德国工程师费迪南德·波尔舍（Ferdinand Porsche）博士设计了一种类似甲壳虫外形的汽车，如图 1-7 所示，汽车外形从方型到流线型，采用独立布置的前翼子板，大灯全都融入了车身，进一步减小了空气阻力，瀑布状倾斜而下的水箱通风栅，使车身显得更加流畅。承载式车身结构使车身降低，减轻了重量，增大了空间利用率，更加舒适。

图 1-7 甲壳虫型（流线型）

船型，1949—1980 年，汽车造型的模式使前翼子板和发动机罩、后翼子板和行李舱罩融于一体。大灯和散热器罩也位于一个平滑的表面上，车室位于车的中部，整个造型很像一只小船，所以人们把这类车称为“船型汽车”。如图 1-8 所示。至今该车型仍然是世界上汽车的基本造型之一。

鱼型，自 1960 年以后，由于船型汽车尾部过分向后伸出，形成阶梯状，在高速时会产生较强的空气涡流，为了克服这一缺陷，人们把船型车的后窗玻璃逐渐倾斜，倾斜的极限即成为斜背式。由于斜背式汽车的背部像鱼的脊背，所以这类车称为“鱼型汽车”。如图 1-9 所示。

图 1-8　船型汽车

图 1-9　鱼型汽车

楔型，1960 年以后，部分车型将车身整体向前下方倾斜，车身后部像刀切一样平直，这种造型能有效地克服汽车升力。楔形造型主要在赛车上得到广泛应用。如图 1-10 所示。

图 1-10　楔型汽车

流线硬朗型，20 世纪 90 年代以后，流线型车和硬朗风格发展到了极致，车辆无论在内饰还是外部线条都追求极其硬朗的线条，这种线条可以让汽车看起来强劲有力、很安全，但是缺点是它迫使汽车变得更长、更厚且更高。如图 1－11 所示。

图 1－11　流线硬朗型汽车

4. 汽车发展中的十大技术革新成就

汽车发展过程中，各种创造、发明层出不穷，为汽车的日益完善，汽车工业的发展壮大作出了积极的贡献。其中以下面十大技术革新成就尤为突出。

（1）充气轮胎。初期的汽车使用实心木轮，而后逐渐使用实心橡胶轮胎。但使用实心轮胎的汽车舒适性很差。1895 年，法国的米其林（Michelin）兄弟制造出用于汽车的充气轮胎。

（2）自动启动装置。早期的汽车采用手摇启动法启动汽车。1912 年，美国工程师查尔斯·凯特林（Charles Kettering）成功设计出第一个自动启动装置，并将其安装在当年生产的凯迪拉克轿车上，直到今天仍被广泛应用。

（3）自动变速箱。早期的汽车变速器都采用齿轮手动换挡方式。1912 年，哥伦比亚电磁厂制造了一个电磁控制的自动变速器；1939 年，奥兹莫比尔公司开始使用液控变速器。

（4）鼓式制动器。汽车制动器开始是用手制动器带动一个单支点的摩擦片来抱住后轮。这种制动器在汽车倒车时常常失灵。1914 年出现了轮式制动。1921 年，美国的杜森伯格公司推出了液压助力器，由一个主液压缸来放大制动力。鼓式制动器直到 20 世纪 80 年代仍占有统治地位。

（5）全钢车身。早期的汽车车身是在木质梯形框架上安装车篷；1924 年，道奇汽车采用成型钢板闭合结构的安全型车身，将乘客安置在车身之内，不仅提高了乘客的安全性，而且其外形由于可以设计成流线型而更趋于合理。

（6）安全玻璃。早期为了防御风沙，汽车乘客使用防尘眼镜。1909 年，福特为其 T 型车的买主提供了可选择风挡玻璃的汽车。到 20 世纪 20 年代末，风挡玻璃成为汽车的标准装备。今天汽车上的风挡玻璃使用了一种化学处理内层板，撞车后该内层板将破碎成小块，并能延伸起缓冲作用。

（7）轴瓦。轴瓦的出现是美国通用汽车公司的一个重要革新。可替换轴瓦的使用，

使发动机轴承的装配工作得到改善，维修方便。

(8) 汽车安全设施。直到20世纪60年代，安全带才被大批量地生产。三点式安全带在1985年被德国专利发明注册处评选为跨世纪八大发明之一。1990年年初，另一种被动的汽车安全装置——安全气囊面世，但安全带的作用却并未因此减弱，因为部分气囊张开时力度过猛，只有安全带加气囊，方可在意外时为乘客提供最信心十足的保障。

(9) 催化式排气净化器。1970年，美国空气清洁法的实施，加快了汽车排气净化装置研制的进程，加速了催化转换器的发展。催化转换器的使用，使得汽车能够以较低的费用达到净化排气的目的。

(10) 汽车电子技术。汽车电子化被认为是汽车技术发展进程中的一次革命，汽车电子化的程度被看做衡量现代汽车水平的重要标志。目前电子技术的应用几乎已经深入到汽车所有的系统，一些豪华轿车上，电子产品占到整车成本的50%以上。

安全带的诞生

1902年5月20日，在美国纽约举行的一次汽车比赛中，一位名叫沃尔特·贝克的美国工程师，驾驶着一辆得加·鱼雷牌电动汽车正在飞驰，意外地碰到一根露出路面的钢轨，汽车立刻腾空而起，冲入了围观的人群，接着重重地坠落在地上，当场压死了两个人，伤了数十人。正当人们为沃尔特·贝克的生命担忧时，令人惊异的事情出现了，他居然安然无恙。原来，沃尔特·贝克把飞机上使用的安全带“挪用”到了自己的汽车上。事情过后，人们并没有立即进行安全带的研制。1958年，一位叫博霍林的人加盟沃尔沃汽车公司后，开始着手研制安全带。此前，沃尔沃汽车公司已经将一种双点式的安全带安装在他们生产的汽车前排坐椅上。博霍林发现，这种对角线式的安全带达不到公司所制定的安全标准。经过他的潜心研究，三点式汽车安全带诞生了。1963年，沃尔沃汽车公司对三点式汽车安全带进行注册，并装配到自己生产的汽车上。与此同时，他们还把这项发明免费提供给其他汽车制造商们，在世界范围内推广了这项保护生命的发明。

（资料来源：李敏．汽车与陆上交通工具的故事［M］．大连：大连出版社，2009：37.）

任务二　了解中国汽车发展史

1. 旧中国的汽车

我国现在保存最早的汽车是1902年袁世凯进贡给慈禧太后67岁大寿的寿礼，为

德国奔驰公司1898年的产品，三缸水冷汽油机，功率4马力（1马力=746瓦）。如图1-12所示。

图1-12　我国保存最早的汽车

慈禧与洋车的故事

有一天，慈禧乘坐汽车去颐和园游览时，突然发现：司机孙富龄不仅坐着，而且还坐在自己前面。这还了得，有失自己尊严。于是，厉声命令司机："要开车，就必须跪下开!"慈禧的话谁敢不从？司机只好跪着驾驶，但手不能代替脚踩油门和刹车，路上险些酿成惊天大祸。无奈，慈禧被人搀扶下车，中途又换上她的十六抬大轿。后来，此车作为皇宫遗物在紫禁城闲置起来，辛亥革命后，又从紫禁城移到颐和园至今。虽然经历了百年沧桑，经过无数战火纷飞，但这辆老爷车居然奇迹般被完好地保存了下来。

直到1930年，上海才陆续出现了从事汽车或零部件销售、汽车出租的洋行。当时我国汽车保有量已达38484辆，却没有一辆国产汽车。当时不少有志之士都想制造中国自己的汽车。

1928年，张学良在东北易帜后，化兵为工，在辽宁迫击炮厂成立了民用工业制造处，后改称为辽宁民生工厂，成功试制了一辆命名为"民生牌"75型汽车，它开辟了中国人试制汽车的先河。可惜第二辆汽车还没制造出来，"九一八"事变爆发，东北三省被日本占领。旧中国的造车梦毁于统治者的腐败无能，毁于帝国主义的硝烟战火。

2. 新中国的汽车业

新中国成立初期新中国就决定发展自己的汽车工业，1953年7月国家在长春兴建第一汽车制造厂（简称一汽），毛泽东主席为奠基仪式亲自题写了"第一汽车制造厂奠

基纪念”。如图 1 - 13 所示。

图 1 - 13　长春第一汽车制造厂奠基纪念碑

1956 年 7 月一汽正式建成投产，7 月 13 日，在长春一汽崭新的总装线上，第一辆解放牌汽车试制成功（如图 1 - 14 所示）。7 月 14 日，装配出的第一批 12 辆 4 吨解放牌汽车在欢声笑语和雷鸣般的掌声中徐徐驶出装配线。这标志着第一汽车制造厂的三年建厂目标如期达到，从此结束了中国不能批量制造汽车的历史，圆了中国人自己生产国产汽车之梦。

图 1 - 14　解放 CA10 型载货汽车

1958 年，一汽又先后试制成功了 CA71 型“东风牌”轿车（如图 1 - 15 所示）和 CA72 型“红旗牌”高级轿车（如图 1 - 16 所示）。同年 9 月，又一辆国产“凤凰牌”轿车在上海诞生。后来“红旗牌”高级轿车被列为国家礼宾用车，并作为国家领导人乘坐的庆典检阅车。“凤凰牌”轿车参加了1959年国庆十周年的献礼活动。

图1-15　CA71“东风牌”轿车

图1-16　CA72型“红旗牌”高级轿车

毛主席与一汽的成立

新中国成立之后，1949年12月，毛主席前往苏联访问，在参观斯大林汽车厂时，毛主席对随行的同志说：“我们也要有这样的工厂。”

1950年2月14日，中苏两国签订了《中苏友好互助同盟条约》，敲定了一批苏联援助中国建设的重点项目。1950年为第一批，共50批，其中包括建设汽车厂项目。随后，第一汽车制造厂的建设列入了第一个五年计划。

1952年7月，中央正式决定成立汽车工业工厂，代号为652厂。同年末，中央任命饶斌为厂长，郭力、孟少农为副厂长。也正是这一年，国家也批准了一汽年产3万辆4吨卡车的设计书。1953年6月，毛泽东主席亲自签发了《中共中央关于力争三年

建设长春汽车厂的指示》，并为一汽奠基题词：“第一汽车制造厂奠基纪念”十一个大字。1953年7月15日，一汽举行了隆重的奠基典礼，万名建设者会聚在会场上，由六名年轻的共产党员抬着刻有毛主席题词的汉白玉基石进入会场，伴随轰鸣的推土机马达声，埋下了中国汽车工业的第一块基石。在长春孟家屯这块曾是日军“100部队”细菌工厂的废墟上，一场规模空前宏大的建设工程迅速展开。

截至1960年，我国汽车制造厂由1953年的1家发展为16家，维修改装车厂由16家发展为28家。其中，南京汽车制造厂（简称南汽）、上海汽车制造厂（简称上汽）、北京汽车制造厂（简称北汽）和济南汽车制造厂（简称济汽）共四个较有基础的汽车制配厂，经过技术改造成为继一汽之后第一批地方汽车制造厂。

从1966年到1980年，中国汽车工业由创业阶段逐渐进入成长阶段。

1964年4月，国家在湖北十堰开始建设第二汽车制造厂（简称二汽），二汽是我国汽车工业第二个生产基地。一个崭新的大型汽车制造厂在湖北省十堰市兴建和投产，当时主要生产中型载货汽车和越野汽车。二汽的建成，开创了中国汽车工业以自己的力量设计产品、确定工艺、制造设备、兴建工厂的纪录，检验了整个中国汽车工业和相关工业的水平，标志着中国汽车工业上了一个新台阶。

1975年6月，东风两吨半越野车投产。1978年7月，东风五吨载货汽车投产。

由于受“大跃进”和“文化大革命”的影响，虽然全国汽车企业曾达到2000余家，但大多数汽车厂家的产品重复、小而全、质量差。产品类型主要是中型货车，呈现“缺重少轻，轿车基本空白”的局面。

自20世纪80年代中期开始，我国汽车工业发展迅速。汽车老产品比如解放、跃进、黄河等实现升级换代。中国汽车工业开始进入全面发展阶段。

到20世纪90年代，中国汽车生产能力比20世纪70年代末增长了几乎10倍，全国汽车年产量1992年首次超过了100万辆。

1994年，国家开始对汽车产业的发展方向进行了重新定位，确立了轿车进入家庭的思想，中国轿车工业的春天开始到来。

进入21世纪以来，中国的汽车工业得到了飞速发展，汽车年产量以每年23%左右的速度增长。在2007年，中国已经是世界第三大汽车制造国、世界第二大汽车市场。在2009年，中国跃居为世界第一大汽车制造国、世界第一大汽车市场。

2002年，奇瑞、吉利、华晨等新兴自主品牌企业相继获得了“准生证”，并且实现了高速发展。面对2002年、2003年中国汽车市场的“井喷”增长，汽车跨国公司纷纷加大在华投资力度。据有关资料显示，我国已同20多个国家和地区的企业建立了600多家合资合作企业，比如丰田、大众、通用、福特、奔驰、克莱斯勒、本田、标志、雪铁龙、三菱、现代、菲亚特以及宝马等。世界许多著名汽车公司在中国建立了合资企业，中国汽车国内竞争国际化趋势日渐明显。

目前国内汽车企业进一步改组兼并，初步形成了“3+7”格局，即上汽、一汽和东风三大汽车集团，加上长安、北汽、广汽、奇瑞、哈飞、华晨以及吉利七个骨干汽车企业。

中国汽车工业发展迅速，但需要进一步做强。自主汽车品牌有待进一步开发。

模块小结

汽车诞生于1886年，由本茨和戴姆勒分别在德国不同的地点研制成功。1886年1月29日本茨将其制造的汽车申请了专利，并获得德国帝国专利局的批准。如今，这一天已被公认为“世界上第一辆汽车诞生日”，而戴姆勒与本茨则被公认为以内燃机为动力的现代汽车的发明者。

自汽车诞生以来，历经一百多年历史，汽车外形先后经历了马车型、箱型、流线型、船型、鱼型、楔型等阶段的演变。先后经历了三次大的变革：从流水线的装配到欧洲的多样化趋势，再到丰田的精细化管理；市场的重心也从美国到欧洲，从欧洲再到日本。而十大技术革新进一步推动了汽车的快速发展。

中国汽车史包括旧中国时期发展史和新中国汽车工业发展史。进入21世纪以来，中国的汽车工业得到了飞速发展。在2009年，中国跃居为世界第一大汽车制造国、世界第一大汽车市场。

模块二　汽车车标文化

参考学时

3 学时

任务内容

1. 了解一些车标文化；
2. 认识国内外车标。

任务目标

1. 能指认一些常见车标；
2. 能简单叙述一些常见车标的含义。

任务实施

先由学员熟悉本任务的工作单，了解任务内容。在学习相关知识点后，利用工作单，在教师的指导下完成本任务，同时完成工作单相关内容的填写。

认识车标任务工作单

随着中国汽车行业的发展，大家对汽车有了更多的了解。以下是一些车标，你能写出它们的名称，并简单叙述这些车标的含义吗？

____________　____________　____________

____________　____________　____________

______ ______ ______

任务一　了解国外车标文化

“车标文化”作为汽车文化的重要组成部分，正在成为彰显自我个性、表达自我声音的重要载体。日本车的舒适雅致、德国车的硬朗精致、美国车的大气坚固，都蕴涵在品牌的标志性“物件”——车标当中；而车标构图内涵的人文与历史，更是其核心价值和特性的浓缩，不可否认，恰如一篇美轮美奂的散文的“文眼”，车标就是品牌的点睛“文眼”。也正因此，汽车不只代表一件工具、一个产业，更是一种围绕在我们身边的美妙生活。

1. 劳斯莱斯（Rolls-Royce）

“世界汽车中可称为贵族的，唯有劳斯莱斯。”该车标商标由 R 叠合而成，如图 2－1 所示，寓意为你中有我、我中有你，体现了车的创始人亨利·莱斯（Henry Royce）与查利·劳斯（Charles Rous）两人和谐融洽的关系。纯几何长方形外框给人静穆、苍劲、深厚、庄重、严谨的感觉，表示劳斯莱斯最先进的技术、最精良的制作和制造者一丝不苟的精神。

劳斯莱斯的另一个传统标志是具有古典风格的“飞翔女神”雕像，出现于 1911 年，由艺术家查尔斯·赛克斯（Charles Sykes）设计。“飞翔女神”起初的标配为银白色，后来有的车主为了炫耀其尊贵地位，就完全采用黄金制作，代表劳斯莱斯无与伦比的奢华。

图 2－1　劳斯莱斯车标

2. 奔驰（Benz）

1909 年 6 月，戴姆勒公司申请登记了三叉星作为轿车的标志，象征着陆上、水上和空中的机械化。其车标如图 2－2 所示。

图 2－2　奔驰车标

车标形成历史

1873 年，担任 Dentz 发动机技术部主任的戈特利布·戴姆勒，在给妻子寄去的明信片上，信手画上了一颗三叉星以代表他当时的住处，并特别声明：总有一天，这颗吉祥之星会照耀我毕生的工作。1886 年，戴姆勒和卡尔·本茨同时各自发明了汽车，本茨为自己的汽车设计了一个标志——高贵的月桂枝围绕着“Benz”字样的圆形图徽，戴姆勒则在数年后创办公司时采用了自己早年钟情的三叉星标志。

1899 年 3 月，埃米尔·耶利内克（当时的奥地利驻匈牙利总领事）驾驶以他的小女儿梅赛德斯（Mercedes，意为幸福）命名的戴姆斯汽车，在法国“尼斯之旅”汽车大赛上一举夺魁。他建议戴姆勒公司生产的汽车都用“梅赛德斯”命名，戴姆勒欣然同意。经过数次改动，“Mercedes”与三叉星这两个标志合成了一个新的商标：圆圈内 4 颗小星环绕在 1 颗大星的上方，下面标注着“Mercedes”字样。

1926 年，奔驰公司和戴姆勒公司合并，合并后生产的汽车被叫作“梅赛德斯一奔驰”（Mercedes-Benz），各自的商标也被结合起来重新设计成为新的标志：Benz 的月桂枝围绕着三叉星，“Benz”的字样在下面，“Mercedes”的字样在上面。这是一次伟大的结合，再经过两次修改，奔驰车标终于被简化为我们今天看到的形似方向盘的三叉星。自 1909 年第一次被安置在散热器罩上，寒光闪耀的三叉星近 100 年来始终是奔驰最夺目的标志，它的三尖代表着海、陆、空三位一体的现代化。在这颗吉祥之星的照耀下，曾经改变过时代的奔驰也将永远走在时代的最前沿。

（资料来源：http：//www. sina. com. cn. 2005 年 5 月 26 日 16：10 青年时讯）

3. 大众（Volkswagenwerk）

大众汽车图形商标是德文 Volkswagenwerk 单词中的两个字母 V 和 W 的叠合，并镶嵌在一个大圆圈内，如图 2-3 所示。图形商标形似三个“V”字，像是用中指和食指作出的 V 形，表示大众公司及其产品“必胜—必胜—必胜”。文字商标则标在车尾的行李厢盖上，以注明该车的名称。使大众公司扬名的产品是由波尔舍设计的“甲壳虫”式轿车，该车在 20 世纪 80 年代初就已生产了 2000 万辆。它启动了大众公司的第一波快速发展，紧随其后的马球、高尔夫、桑塔纳、帕萨特等车型也畅销全世界。

图 2-3　大众车标

4. 宝马（BMW）

宝马标志中间的蓝白相间图案，首先代表蓝天、白云和旋转不停的螺旋浆，表示宝马公司渊源悠久的历史，象征该公司过去在航空发动机技术方面的领先地位；其次，它表达了公司的一贯宗旨和目标：在广阔的时空中，以先进的精湛技术、最新的观念，满足顾客的最大愿望；最后，反映了公司蓬勃向上的气势和日新月异的新面貌。其车标如图 2-4 所示。

图 2-4　宝马车标

5. 奥迪（Audi）

奥迪轿车的标志为四个圆环，代表着合并前的四家公司，每一环都是其中一个公司的象征。这些公司曾经是自行车、摩托车以及小客车的生产厂家。其车标如图 2-5 所示。

图 2-5　奥迪车标

奥迪车标历史

德国奥迪公司制造汽车与摩托车的历史可追溯到 19 世纪。最初设在萨克森州的四家汽车公司——茨维考（Zwickau）市的奥迪（Audi）和霍希（Horch）汽车公司、开姆尼—西格玛（Chemnitz-Siegmar）市的漫游者（Wanderer）汽车公司以及乔保（Zschopau）市的 DKW 汽车公司，对当时德国汽车工业的进步作出了杰出的贡献。这四家汽车公司于 1932 年合并为汽车联盟股份公司（Auto Union AG，以下简称汽车联盟）。从汽车产量来说，汽车联盟是当时德国第二大汽车制造公司，商品标志为四个连接的圆环，代表参与合并的四家汽车公司。世界上也就首次出现了四环标志。

第二次世界大战以后，汽车联盟位于萨克森的汽车制造厂被苏联占领军没收并拆除。此后，该公司的很多高层人员前往巴伐利亚，并于 1949 年在英戈尔斯塔特（Ingolstadt）建立了汽车联盟股份有限公司（Auto Union GmbH），它继承了老汽车联盟的传统，仍以四个连环作为标志。

汽车联盟股份有限公司和 NSU 股份有限公司（NSU GmbH）于 1969 年合并，组成奥迪—NSU 汽车联盟股份公司（Audi NSU Auto Union AG）；1985 年，该公司改名为奥迪股份公司（AUDI AG），总部迁至英戈尔斯塔特，四环标志沿用至今。

由此可见，奥迪的历史，被第二次世界大战分成了两部分。第一部分为第二次世界大战前的汽车联盟，第二部分为第二次世界大战后的奥迪发展。

（资料来源：http：//wenwen. soso. com/z）

6. 丰田（Toyota）

此标志发表于 1989 年 10 月，Toyota 创立 50 周年之际，设计的重点是左右对称的椭圆形。标志中的大椭圆代表地球，中间由两个椭圆垂直组合成一个 T 字，代表丰田公司；背后的空间表示 Toyota 的先进技术在世界范围内拓展延伸，面向未来，面向宇宙不断飞翔。另外它还象征丰田公司立足于未来，对未来的信心和雄心；象征着丰田公司立足于顾客，对顾客的保证，用户的心和汽车厂家的心是连在一起的，具有相互信赖感；象征着丰田的高超技术和革新潜力。其车标如图 2-6 所示。

图 2-6　丰田车标

7. 沃尔沃（Volvo）

“沃尔沃”，也译为“富豪”。车标由图标和文字商标两部分组成。沃尔沃图形车标是由双圆环组成车轮的形状，并有指向右上方的箭头。中间的拉丁语文字“VOLVO”，是滚滚向前的意思，寓意着沃尔沃汽车的车轮滚滚向前和公司兴旺发达、前途无量。其车标如图 2-7 所示。

图 2-7　沃尔沃车标

8. 别克（Buick）

别克商标中形似“三利剑”的图案为其图形商标，被安装在汽车散热器格栅上。那三把颜色不同的利剑（从左到右分别为红、白、蓝三种颜色），依次排列在不同的高度位置上，给人一种积极进取、不断攀登的感觉；另外它还表示别克采用顶级技术，别克人是勇于登峰的勇士。其车标如图 2-8 所示。

图 2-8　别克车标

9. 兰博基尼（Lamborghini）

兰博基尼的标志是一头浑身充满了力气，正准备向对手发动猛烈攻击的斗牛。据说兰博基尼本人就是这种不甘示弱的牛脾气，也体现了兰博基尼公司产品的特点，公司生产的汽车都是大功率、高速的运动型轿车。车头和车尾上的商标省去了公司名，只剩下一头犟牛。其车标如图 2－9 所示。

图 2－9　兰博基尼车标

10. 法拉利（Ferrari）

法拉利的标志是一匹跃起的马，在第一次世界大战中意大利有一位表现非常出色的飞行员，他的飞机上就有这样一匹会给他带来好运气的跃马。在法拉利最初的赛车比赛获胜后，该飞行员的父母亲，一对伯爵夫妇建议：法拉利也应在车上印上这匹带来好运气的跃马。后来这位飞行员战死了，马就变成了黑颜色；而标志底色为公司所在地摩德纳金丝雀的颜色。其车标如图 2－10 所示。

图 2－10　法拉利车标

相关链接

法拉利车标

法拉利的缔造者——“赛车之父”恩佐·法拉利，同样也是一名伟大的赛车手，他持续一生对赛车的痴迷，恰恰造就了“法拉利神话”和现代赛车文化。曾经是阿尔法·罗米欧最好的赛车手，恩佐·法拉利在赛场上表现出对速度不顾一切的狂热。1923 年，刚刚赢得一次比赛的法拉利遇到了白丽查伯爵夫人。伯爵夫人告诉法拉利，她的飞行员儿子在飞机上使用腾马标志，因而屡战屡胜，如果法拉利也用这个标志的话，准能在比赛中无往不胜。就这样，一匹腾空跃起的骏马成为法拉利的永久标志，当那位勇敢的飞行员战死之后，为了纪念他，腾马标志被改成了黑色，法拉利还在骏马的上方加上了意大利国旗。而标志的底色则是明亮的黄色，这是法拉利总部所在地摩德纳的金丝雀羽毛颜色。

（资料来源：http：//www.sina.com.cn 2005 年 05 月 26 日 16：10 青年时讯）

11. 美洲虎（Jaguar）

美洲虎又称捷豹，香港人还称“积架”，缘由英文 Jaguar 的音译，它的汽车标识被设计成一只纵身跳跃的美洲虎，造型生动、形象简练、动感强烈，蕴涵着力量、节奏与勇猛。其车标如图 2－11 所示。

图 2－11 美洲虎车标

12. 本特利（Bentley）

本特利汽车公司 1919 年生产第一辆四汽缸赛车时车上就带有一个徽章，上面是一只展翅翱翔的雄鹰，鹰的腹部有公司名称本特利的开头字母“B”。“鹰”形商标，比喻本特利公司像雄鹰一样，在全球范围内具有无穷的发展潜力。其车标如图 2－12 所示。

图 2－12 本特利车标

13. 标致（Peugeot）

标致的“蓝狮”车标十分醒目，尤其是它立起时的造型，赋予动物以人性化特征。“蓝狮”的商标可追溯到1858年：当时是用钢板锻压制成的狮子形状，其中故意保留着锋利的锯齿轮廓，生动表现出狮子的牙齿和脊背，体现出狮子的凶猛慓悍，从而构成完美的金属狮子的商标图案。最初这只狮子只是表示锯条的三种品质：锯齿经久耐用——像狮子的牙齿；锯条柔韧不易折断——像狮子的脊柱；切割的速度——像腾跃的狮子一样迅捷。后被标致公司采用作为标致汽车的商标。虽经多次演变，但“锯齿立狮”为主题的车标保留至今。其车标如图2-13所示。

图2-13 标致车标

14. 福特（Ford）

福特汽车公司的商标是蓝底白字的英文“Ford”字样，被艺术化了的“Ford”形似活泼可爱、充满活力、美观大方的小白兔。“Ford”犹如在温馨的大自然中，有一只可爱，温顺的小白兔正在向前飞奔，象征福特汽车奔驰在世界各地，令人爱不释手。其车标如图2-14所示。

图2-14 福特车标

15. 阿尔法·罗米欧（Alfa Romeo）

阿尔法·罗米欧的标志于20世纪30年代初就开始使用，这是米兰市的市徽，也是中世纪米兰的领主维斯康泰公爵的家徽，标志中的十字部分来源于十字军从米兰向外远征的故事；右边部分是米兰大公的徽章；关于蛇正在吞食撒拉迅人的图案有种种传说，其中之一的说法是象征着维斯康泰的祖先曾经击退了使人民遭受苦难的“龙”。总之，这枚古老的徽章伴同阿尔法·罗米欧运动车已名扬四海，成为当今的知名商标之一。其车标如图2-15所示。

图 2-15　阿尔法·罗米欧车标

16. 马自达（Mazda）

马自达汽车公司的原名为东洋工业公司，生产的汽车用公司创始人“松田”来命名，又因“松田”的拼音为 MAZDA（马自达），所以人们便习惯称为马自达。马自达起初使用的车标，是在椭圆之中有双手捧着一个太阳，寓意马自达公司将拥有明天，马自达汽车跑遍全球。

马自达公司与福特公司合作之后，采用了新的车标，椭圆中有一只展翅飞翔的海鸥，同时又组成“M”字样，“M”是“MAZDA”第一个大写字母，这个车标预示该公司将展翅高飞，以无穷的创意和真诚为顾客服务。其车标如图 2-16 所示。

图 2-16　马自达车标

17. 保时捷（Porsche）

保时捷的英文车标采用德国保时捷公司创始人费迪南德·保时捷的姓氏。图形车标采用公司所在地斯图加特市的盾形市徽。“PORSCHE”字样在商标的最上方，表明该商标为保时捷设计公司所拥有；商标中的“STUTTCART”字样在马的上方，说明公司总部在斯图加特市；商标中间是一匹骏马，表示斯图加特这个地方盛产一种名贵种马；商标的左上方和右下方是鹿角的图案，表示斯图加特曾是狩猎的好地方；商标右上方和左下方的黄色条纹代表成熟了的麦子颜色，喻指五谷丰登，商标中的黑色代表肥沃土地，商标中的红色象征人们的智慧和对大自然的钟爱，由此组成一幅精湛意深、秀气美丽的田园风景画，展现了保时捷公司辉煌的过去，并预示了保时捷公司美好的未来和保时捷跑车的出类拔萃。其车标如图 2-17 所示。

图 2－17　保时捷车标

任务二　了解国内车标文化

1. 奇瑞（Chery）

奇瑞汽车股份有限公司于 1997 年 1 月 8 日注册成立，注册资本为 32 亿元，1997 年 3 月 18 日动工建设，1999 年 12 月 18 日，第一辆奇瑞轿车下线。以 2007 年 8 月 22 日第 100 万辆汽车下线为标志，奇瑞实现了从“通过自主创新打造自主品牌”第一阶段向“通过开放创新打造自主国际名牌”第二阶段的转变，进入全面国际化的新时期。

奇瑞汽车标志的整体是英文字母 CAC 的一种艺术化变形，CAC 即英文 Chery Automoblle Corporation Limited 的缩写，中文意思是奇瑞汽车有限公司。其车标如图 2－18所示，标志中间 A 为一变体的“人”字，表示公司以人为本的经营理念；徽标两边的 C 字向上环绕，如同人的两个臂膀，象征着一种团结和力量，环绕成地球形的椭圆状；中间的 A 在椭圆上方的断开处向上延伸，寓意奇瑞公司发展无穷，潜力无限，追求无限；整个标志又是 W 和 H 两个字母的交叉变形设计，为“芜湖”一词的汉语拼音的声母，表示公司的生产制造地在芜湖市。

图 2－18　奇瑞车标

2. 吉利

吉利汽车是我国自行研制的汽车。该公司——浙江吉利控股集团有限公司，1997 年进入轿车领域以来，凭借灵活的经营机制和持续的自主创新，取得了快速的发展，资产总值达到 105 亿元，连续四年进入全国企业 500 强，被评为“中国汽车工业 50 年发展速度最快、成长最好”的企业，跻身于国内汽车行业十强。

吉利的新车标赋予了吉利汽车更多的文化（如图 2－19 所示）。“椭圆”：象征地球，表示面向世界、走向国际化；椭圆在动态中是最稳定的，喻示及祝愿吉利的事业稳如磐石，在风雨中屹立不倒。“六个六”：①象征太阳的光芒，只有走进太阳，才能吸取无穷的热量，只有经过竞争的洗礼，才能百炼成钢；②“六六大顺”，祝愿如意、吉祥；③吉利一步一个台阶，不断超越，发展无止境；④中华优秀传统文化的底蕴才是吉利不断发展超越的精神源泉；⑤发展民族工业，走向世界，是吉利不舍不弃的追求。“内圈蔚蓝”：象征广阔的天空，超越无止境，发展无止境；“外圈深蓝”：象征无垠的宇宙，超越无限，空间无限。由地球走向太阳，由广阔的天空走向无垠的宇宙，只有拥有如此开阔的胸怀，具备如此坚毅的超越精神，才能不断成功，发展无止境；由浙江到中国，由中国到世界；由地域到民族，由民族到国际，吉利不舍不弃，只为“造老百姓买得起的好车”。所有的创新拼搏，所有的奋斗汗水，只为了一个真情的愿望：快乐人生，吉利相伴。

图 2－19　吉利车标

3. 比亚迪（BYD）

比亚迪股份公司创立于 1995 年，由 20 多人的规模起步，2003 年成长为全球第二大充电电池生产商，同年组建比亚迪汽车。BYD 的意思是 Build Your Dreams，即为成就梦想。比亚迪车标在 2007 年已由蓝天白云的老标换成了只用三个字母和一个椭圆组成的标志，新标识将不再沿用原有的蓝白相间色，图案改为椭圆形状，并加入了光影元素。从字体的排列、图形的颜色都发生了巨大变化，突出了比亚迪汽车的创新科技和企业文化精髓，给比亚迪品牌注入了新的内涵和活力。其车标如图 2－20 所示。

图 2－20　比亚迪车标

4. 荣威（RW）

荣威采用经典盾形徽标，整体结构是一个稳固而坚定的盾形，色彩以红、黑、金三个主要色调构成。中间以两只站立的东方雄狮构成，代表着吉祥、威严、庄重。图案的中间是双狮护卫着的华表，华表是中华文化中的经典图腾符号，不仅蕴涵了民族的威仪，同时具有高瞻远瞩，祈福社稷繁荣、和谐发展的寓意。图案下方用现代手法绘成的符号是字母“RW”的融合，是品牌名称的缩写，同时“RW”在古埃及语中也代表狮子。其车标如图 2-21 所示。

图 2-21　荣威车标

5. 名爵（MG）

MG 名爵的“名”是受肯定的，被欢迎的意思，体现了品牌的目标消费群体，“爵”是所有渴望成功的人希望的一种状态，是品位，是成就，是修养，反映了目标市场定位。同时 MG 名爵的品牌内涵也完美融合了中英优秀的汽车文化，其八角形的图标与中国传统文化有众多相通之处，都代表着稳固、忠诚、可信赖，蕴涵着四面八方、君临天下的王者之气。其激情、活力、愉悦的品牌特性，则表达了中国时代精英们的态度和心声。而 MG 名爵积极向上、不断进取的精神既契合中国的时代精神，又是积极奋进的南京名爵（MG）汽车有限公司企业文化的真实写照。其车标如图 2-22 所示。

图 2-22　名爵车标

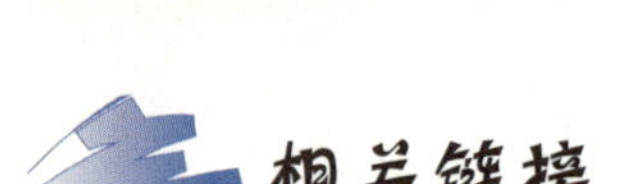

相关链接

比亚迪汽车

比亚迪创始人王传福，以做电池起家，谈到造汽车，无非是在扮演一位“门外汉”的角色。正是利用了“自主知识产权”的响亮名号和对秦川汽车的收购行为，使得比亚迪有了相对于其他新手的先发优势。比亚迪汽车遵循自主研发、自主生产、自主品牌的发展路线，矢志打造真正物美价廉的国民用车，产品的设计既吸取国际潮流的先进理念，又符合中国文化的审美观念。短短一年内，比亚迪汽车的产品线由原来单一的“福莱尔”微型轿车，迅速扩充为包括A级燃油车、C级燃油轿车、锂离子电动汽车、混合动力汽车在内的全线产品。比亚迪主攻的是5万元以下的微轿市场，目前这个细分市场的竞争非常激烈，已经历了多次价格战，但比亚迪还是率先把价格下调，证明了民营企业在价格上的竞争力和灵活性。

（资料来源：http：//baike.baidu.com/view/443096.htm＃1）

相关链接

常见国内车标

（自主品牌及合资品牌）

上汽荣威车标

福田风景车标

天津一汽车标

昌河铃木车标

夏利车标

陆风汽车车标

天马车标

北汽制造车标

金龙车标

上海华普汽车车标

奇瑞车标

雪佛兰汽车车标

华晨汽车车标

哈飞汽车车标

东南汽车车标

KIA 东风悦达·起亚
东风悦达起亚车标

东风雪铁龙车标

长城汽车车标

长安汽车车标

昌河汽车车标

北京轻型汽车车标

北京汽车车标

北京吉普车标

宝龙车标

北京福田车标

MEILU
美鹿车标

Transit
全顺车标

上海汽车车标

上海通用五铃车标

神龙车标

一汽大众车标

跃进集团车标

中华汽车车标

中兴汽车车标

北京现代车标

中国一汽车标

KIA
悦达起亚
悦达起亚车标

江铃汽车车标

解放汽车车标

金杯车标

一汽奥迪车标

赛豹车标

红旗车标

广州本田车标

PEUGEOT
东風標致
东风标致车标

猎豹汽车车标

一汽马自达车标

一汽丰田车标

BYD
比亚迪汽车车标

华晨宝马车标

上海大众车标

长安福特车标

常见欧美车标

别克车标

纳赛尔车标

摩根车标

利斯特车标

吉姆斯车标

通用汽车车标

雷诺车标

道奇车标

兰博基尼车标

劳斯莱斯车标

宝马迷你车标

奥兹莫比尔车标

野马车标

猛狮车标

莲花车标

拉拉其车标

幽灵车标

嘎斯车标

斯柯达车标

萨博车标

普利茅斯车标

水星车标

德国大众车标

VOLVO车标

雪铁龙车标

文图瑞车标

克莱斯勒车标

奔驰车标

宝马车标

罗孚车标

奥迪车标

欧宝车标

保时捷车标

凯迪拉克车标

捷豹车标

路虎车标

依维柯车标

阿尔法·罗米欧车标

标致车标

别克车标

福特车标

吉普车标

旁蒂克车标

菲亚特车标

法拉利车标

阿斯顿马丁车标

名爵车标

林肯车标

常见日韩车标

五十铃车标

雷克萨斯车标

马自达车标

双龙车标

无限车标

日产车标

斯巴鲁车标

丰田车标

铃木车标

大宇车标

现代车标

起亚车标

三星车标

大发车标

本田车标

三菱车标

模块小结

汽车车标及其文化一般都有它特殊的内涵或历史，本模块学习了国外车标文化：劳斯莱斯、奔驰、大众、宝马、奥迪、丰田、沃尔沃、别克、兰博基尼、法拉利、美洲虎、本特利、标致、荣威、福特、名爵、阿尔法·罗米欧、马自达和保时捷的车标文化；了解学习了国内奇瑞、吉利、比亚迪的车标文化；在感受汽车车标及其文化的同时，也了解了汽车背后的故事。

模块三　认识汽车

参考学时

3 学时

任务内容

1. 了解汽车的定义及其分类；
2. 了解车辆识别代码；
3. 认识汽车外部结构；
4. 认识汽车驾驶室结构；
5. 了解汽车参数及主要性能指标。

任务目标

1. 能够解释汽车的定义；
2. 能按用途对汽车进行分类；
3. 看图或实物能够说出汽车外表结构名称；
4. 看图或实物能够说出汽车驾驶室内部结构名称；
5. 能够说出汽车的参数及主要性能指标。

任务实施

先由学员熟悉本任务的工作单，了解任务内容。在学习相关知识点后，利用工作单，在教师的指导下完成本任务，同时完成工作单相关内容的填写。

认识汽车任务工作单

1. 汽车现在已经走进了千家万户，那么，什么是汽车呢？

____

____

2. 我们熟悉的汽车按用途分为______和______。
3. 乘用车包括______、______、______、______。
4. 商用车包括______、______、______、______。

5. 通常我们可以通过____________识别汽车，它由17位编码组成。

6. 说出下图中驾驶室内1～11处的结构名称。

7. 看图说出汽车1～12处的外部结构名称。

8. 你能说出汽车有哪些主要的尺寸参数？

____

____

9. 分析比较汽车时，我们要对比汽车的性能，那么汽车的主要性能指标包括哪些呢？

____

____

____

任务一　了解汽车的定义与分类

1. 汽车的定义

不同国家、不同年代，对汽车的定义有所不同。根据国家标准 GB/T 3730.1—2001，我国对汽车的定义：由动力驱动，一般具有四个或四个以上车轮的非轨道承载车辆，主要用于载运人、货物及其他的一些特殊用途。无轨电车和整车质量超过 400kg 的三轮车辆也属于汽车。

2. 汽车的分类

根据 GB/T 3730.1—2001，汽车可分为乘用车和商用车两种，新标准已从 2002 年 3 月 1 日开始实施。

乘用车主要用于载运乘客及其随身行李物品，包括驾驶员在内最多不超过 9 个座位。乘用车包括基本型乘用车（轿车）、多功能乘用车（MPV）、运动型多用途乘用车（SUV）和交叉型乘用车四种类型。分别如图 3-1、图 3-2、图 3-3、图 3-4 所示。

图 3-1　基本型乘用车（轿车）

图 3-2　多功能乘用车（MPV）

图 3-3　运动型多用途乘用车（SUV）

图 3-4　交叉型乘用车

商用车主要用于商业用途，运送人员和货物的汽车，并可以牵引挂车。商用车又分为客车、货车、挂车和汽车列车四大类。分别如图 3-5、图 3-6、图 3-7、图 3-8 所示。

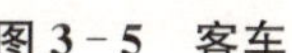

图 3-5 客车

图 3-6 货车

图 3-7 挂车

图 3-8 由牵引汽车带半挂车和全挂车组成的汽车列车

任务二 识别汽车代码（VIN）

每辆汽车都有自己的车辆识别代码，简称 VIN（Vehicle Identification Number）。它由 17 位编码组成。如图 3-9 所示。通过编码我们能够识别出该车的生产国家、制造厂家、汽车类型、品牌名称、车型系列、车身形式、发动机型号以及车型年代等信息，它是汽车修理、选购配件的主要依据。举例说明如下。

例如：LGBC1AE063R000814

LGB：代表中国东风汽车公司

C：表示风神蓝鸟 EQ7200 系列，E：表示 NISSIAN SUYNY2.0 系列。

1：表示车身类型，1——四门三厢，2——四门两厢。

A：表示发动机特征，A——2.0L。

E：表示系统类型。

0：表示变速箱形式，0——AT 自动变速器，2——MT 手动变速器。

6：检验位。

3：表示年份。

R：表示装配厂，R——风神一厂，Y——风神二厂。

000814：表示生产顺序号。

图 3-9　VIN 标识

VIN 标牌的位置随不同的厂家而不完全一样，VIN 打刻在车架上，一般位于前部右侧容易看到且能防止磨损或替换的车辆构件上。另外，VIN 还可打印在标牌上，并贴在汽车不易拆除或更换的部件上。VIN 打刻位置应在车辆制造厂的产品说明书中指明，一经打刻不允许更改、变动。如图 3-10 所示为某国产汽车 VIN 代码位置。

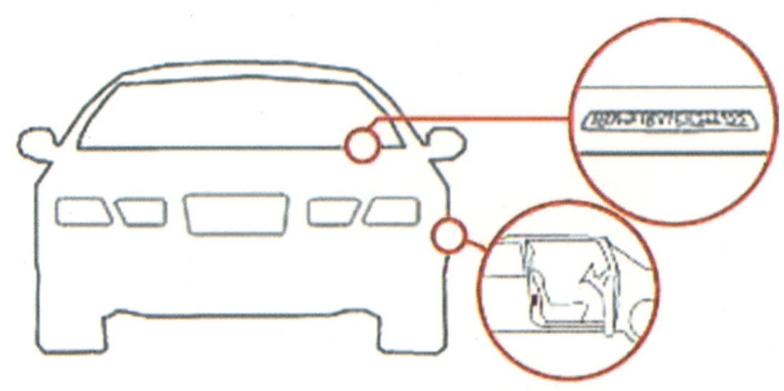

图 3-10　某国产汽车 VIN 代码位置

任务三　了解汽车主要结构参数及性能指标

1. 汽车的主要结构参数

如图 3-11 所示，汽车的主要尺寸参数包括轴距、轮距、总长、总宽、总高、前悬以及后悬等。具体说明如表 3-1 所示。

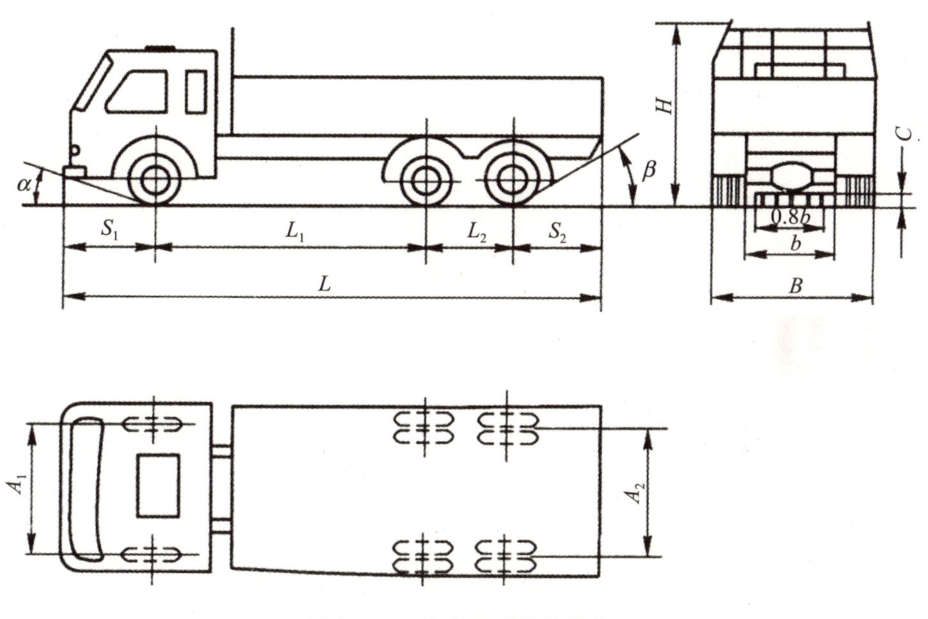

图 3-11　汽车主要结构参数

表 3-1　汽车主要结构参数

参数名称	定　义
轴距	车轴之间的距离 L_1（毫米）。三轴汽车轴距通常以前轴到中轴与后轴的中点之间的距离表示，或由各轴间距分别表示 L_1，L_2
轮距	左右车轮中心线之间的距离 A_1（毫米）。双轮胎时，则为同一车桥两端两轮胎中心之间的距离 A_2（毫米）
总长	汽车外廓长度尺寸 L（毫米）
总宽	汽车外廓宽度尺寸 B（毫米），包括左右后视镜突出部分的侧向尺寸
总高	汽车外廓高度尺寸 H（毫米）
前悬	汽车前端至前轮中心之悬置部分 S_1（毫米）
后悬	汽车后端至后轮中心之悬置部分 S_2（毫米）

2. 汽车主要性能指标

汽车主要性能指标如表3-2所示。

表3-2　汽车主要性能指标

参数名称	定义
整车整备质量	汽车完全装备好的质量。包括发动机、底盘、车身、电气设备和汽车正常行驶所必需的辅助设备，加足燃料、润滑油、冷却液及其他工作液，备齐随车工具、标准备件、备用轮胎、灭火器等的质量
最大总质量	汽车满载时的总质量
最大装载质量	汽车在道路行驶时的最大装载质量，也就是最大总质量与整车装备质量之差。货车以千克计，客车以客座计
最大轴载质量	汽车单轴所承载的最大总质量，也叫轴载荷
最高车速	汽车在水平良好路面上满载时所能达到的最大速度（千米/时）
最大爬坡度	汽车满载时所能爬升的最大坡度（%）
平均燃料消耗量	汽车在道路上行驶时每百千米平均燃料消耗量（升/100千米）
最小转弯半径	将方向盘转到极限位置时，外侧转向车轮的中心平面在支撑平面上的轨迹圆直径（米）

任务四　认识汽车外部结构

1. 汽车外部结构

如图3-12所示为汽车外部结构，包括：

前部分：前保险杠、前照灯、前雾灯、前转向灯、发动机舱罩盖、刮水器、前挡风玻璃。

中部分：车顶、后视镜、车门。

后部分：后保险杠、后照灯、后雾灯、后转向灯、刹车灯等。

2. 驾驶室结构认识

驾驶室内总体结构各个车型有所不同，但大体分为前部分和中后部两大部分。为了方便学习，我们选择不同角度和侧面来观察和学习这部分内容。分别如图3-13、图3-14、图3-15、图3-16所示。

前部分：仪表盘、踏板、杂物箱等。

仪表板上通常布置有车速里程表、燃油表、机油压力表（或机油压力指示灯）、水温表、电流表（或充电指示灯）等仪表和一些信号指示灯及报警灯。

中后部：门窗控制开关及按钮、安全带、坐椅、操纵机构等。

图 3－12　汽车外部结构

1—刮水器　2—前挡风玻璃　3—车顶　4—车门　5—后视镜　6—发动机舱罩盖
7—前雾灯　8—前保险杠　9—组合灯具

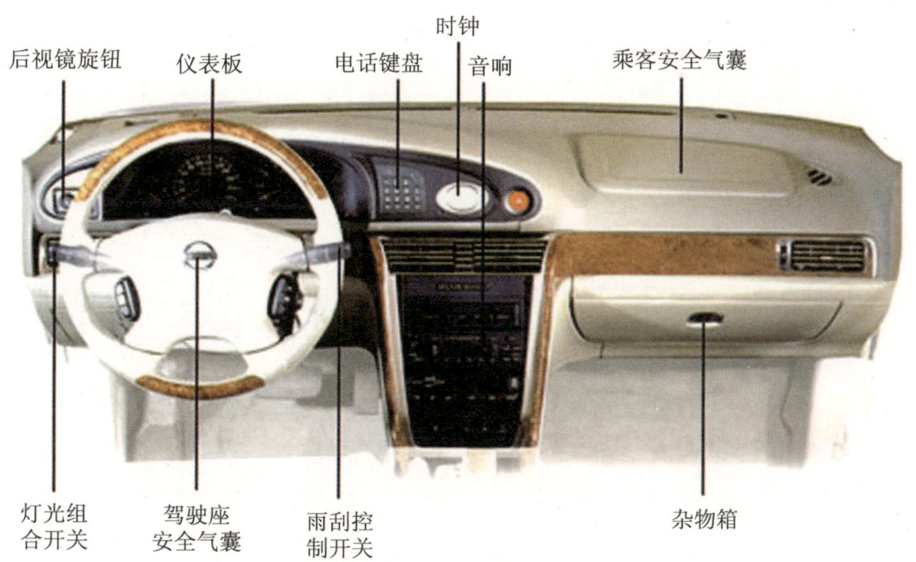

图 3－13　尼桑轿车仪表板

图 3-14　汽车仪表板

1—发动机转速表　2—车速表　3—里程表　4—水温表　5—燃油表

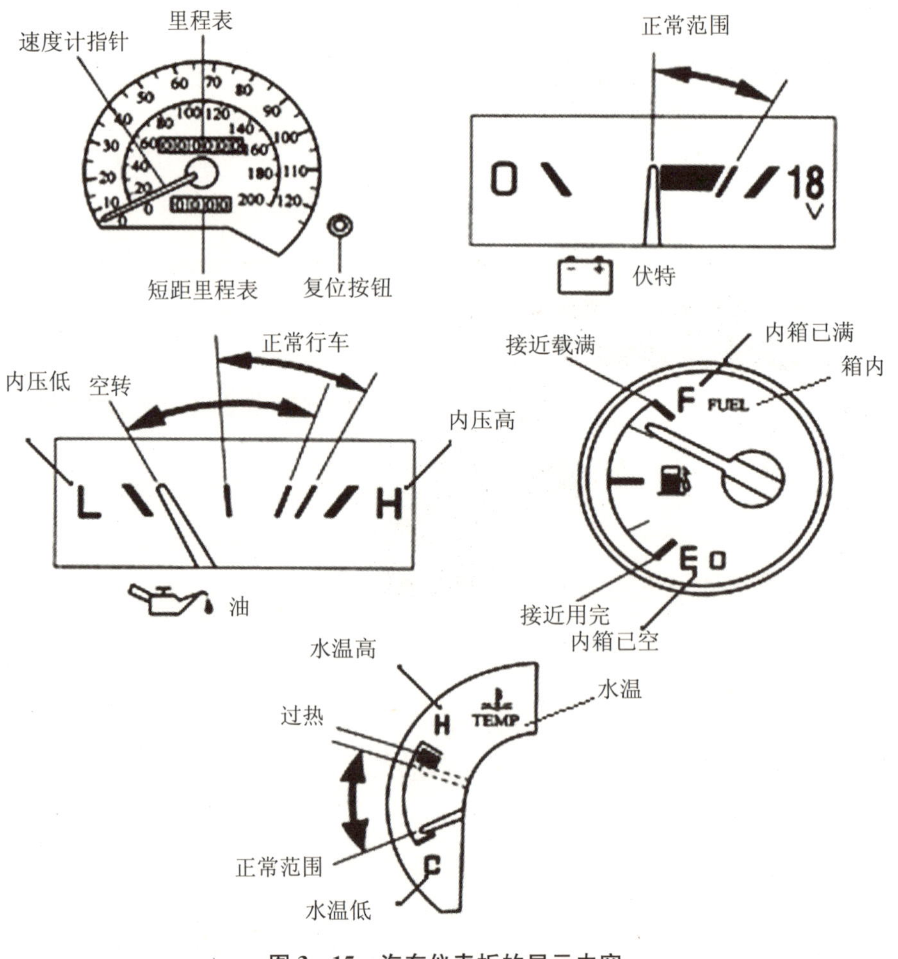

图 3-15　汽车仪表板的显示内容

图 3-16　驾驶室结构

1—后三角窗内饰板　2—后排坐椅　3—后排安全带　4—安全带　5—前车门内扶手　6—前车门内拉手　7—安全气囊　8—转向盘　9—前柱内饰板　10—仪表板　11—副驾驶坐椅

任务五　认识汽车操纵机构

汽车的主要操纵机构如图 3-17 所示，驾驶室中供驾驶员操纵车辆的主要构件有：

（1）方向盘以及装在方向盘上的喇叭按钮、气囊组件；

（2）驾驶员座位右侧设置有变速器操纵杆；

（3）驾驶员座位右侧设置有驻车操纵手柄（俗称手刹）；

（4）驾驶员座位正前方设置有三个脚踏板（自动变速器车无离合器踏板）。

左侧是离合器踏板，在起步、换挡和停车时需要控制此踏板；中间是制动踏板，在车辆行驶过程中通过控制此踏板使车辆减速或停车（俗称脚刹）；右侧是加速踏板（俗称油门），控制此踏板的踩踏深度可以获得不同的发动机扭矩，从而改变车速。

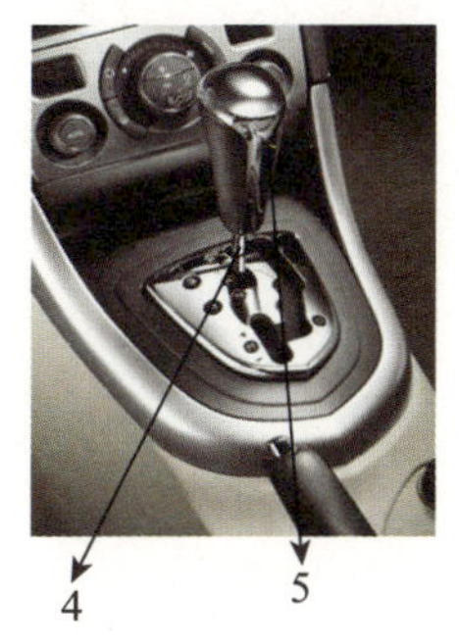

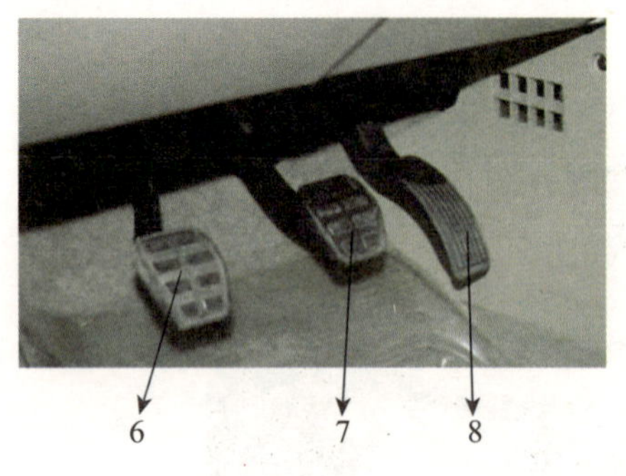

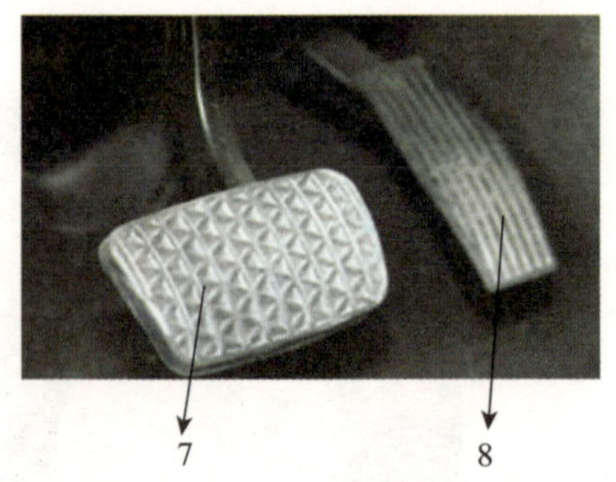

图 3－17　汽车操纵机构

1—转向盘　2—汽车喇叭　3—安全气囊　4—变速器操作手柄　5—驻车操纵手柄
6—离合器踏板　7—制动踏板　8—加速踏板

模块小结

不同国家、不同年代，对汽车的定义有所不同。根据国家标准 GB/T 3730.1—2001，我国对汽车的定义是：由动力驱动，一般具有四个或四个以上车轮的非轨道承载车辆，主要用于载运人、货物及其他的一些特殊用途。无轨电车和整车质量超过 400kg 的三轮车辆也属于汽车。

汽车按照国家标准分为乘用车和商用车两类。乘用车主要用于载运乘客及其随身行李物品，包括驾驶员在内最多不超过 9 个座位。商用车主要用于商业用途，运送人员和货物的汽车，并可以牵引挂车。

每辆汽车都有自己的车辆识别代码，简称 VIN（Vehicle Identification Number）。它由 17 位编码组成。通过编码我们能够识别出该车的生产国家、制造厂家、汽车类型、品牌名称、车型系列、车身形式、发动机型号以及车型年代等信息，它是汽车修理、选购配件的主要依据。

汽车有其主要尺寸参数、主要性能指标以及驾驶室内外部结构、操纵机构等。

模块四　汽车总体构造

参考学时

6 学时

任务内容

1. 认识汽车发动机；
2. 认识汽车底盘；
3. 认识汽车电气设备；
4. 认识汽车车身。

任务目标

1. 能叙述汽车的四部分组成；
2. 能指认发动机及发动机外围一些附件、发动机的类型；
3. 能指认底盘系统的一些零部件及其作用；
4. 能指认电气系统的一些零部件及其作用；
5. 能指认汽车车身的一些零部件。

任务实施

先由学员熟悉本任务的工作单，了解任务内容。在学习相关知识点后，利用工作单，在教师的指导下完成本任务，同时完成工作单相关内容的填写。

汽车总体构造任务工作单

1. 汽车的种类繁多，各类汽车的外观和结构都有所不同，但它们的基本组成一致，由____________、____________、____________和____________四部分组成。

2. 我们比较熟悉汽车发动机，试说明它的作用。

____

____

____

____

3. 想一想你见过的发动机通常的安装位置有哪些?

____

____

____

4. 试写出发动机的两大机构和五大系统。

____

____

____

5. 发动机的分类方式很多，按气缸数分为__________；按工作循环分为__________；按发动机的排列形式分为__________。

6. 汽车底盘一般由四部分组成，试写出来。

____

____

____

7. 说一说汽车传动系的布置形式?

____

____

____

____

8. 汽车的动力来自发动机，那么前置后驱的汽车是如何传递动力使汽车行驶的呢?

____

____

____

____

9. 轮式汽车行驶系一般由__________、__________、__________和__________组成。

10. 机械式转向系以驾驶员的体力为动力，由__________、转向器和转向传动机构三大部分组成。

11. 轿车制动装置一般包括__________和驻车制动装置。

12. 汽车电气设备由__________和用电设备两大部分组成。电源包括__________和发电机。

13. 试说一说电气设备中点火系、启动系、空调系统分别都有什么作用?

____

____

____

____

任务一　认识汽车发动机

汽车的种类繁多，各类汽车的外观和结构都有所不同，但它们的基本组成一致，由发动机、底盘、车身和电器设备四部分组成。如图 4－1 所示。

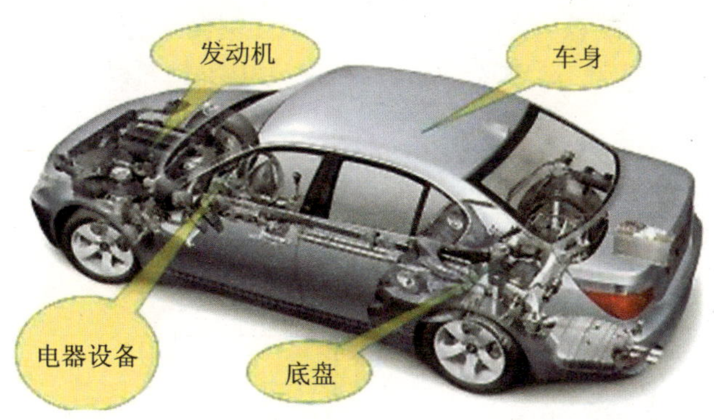

图 4－1　汽车的基本组成

1. 发动机的作用

发动机是汽车的动力装置，其作用是将液体或气体的化学能通过燃烧转化成热能，再把热能通过燃气膨胀转化为机械能，并对外输出动力。

2. 发动机的安装位置

发动机在车辆上的布置方式常见的有三种：发动机前置、发动机中置、发动机后置。

小型轿车上发动机大多安装在车辆的前部；大部分货车发动机也安装在汽车的前部；大型客车发动机大多安装在车辆的尾部；高级跑车、赛车发动机多在汽车的中部。

3. 发动机组成

发动机由两大机构、五大系统组成。两大机构包括曲柄连杆机构、配气机构；五大系统包括燃料供给系、冷却系、润滑系、点火系、启动系。

4. 发动机的类型

（1）按照气缸数不同分为单缸发动机和多缸发动机。如图 4－2 所示。

（2）按照工作循环的不同分为四冲程发动机和二冲程发动机。如图 4－3 所示。

发动机每个工作循环是由进气行程、压缩行程、做功行程和排气行程组成，四冲程发动机要完成一个工作循环，活塞在气缸内需要往返 4 个行程（即曲轴转 2 转）。二冲程发动机要完成一个工作循环，活塞在气缸内需要往返 2 个行程（即曲轴转 1 转）。

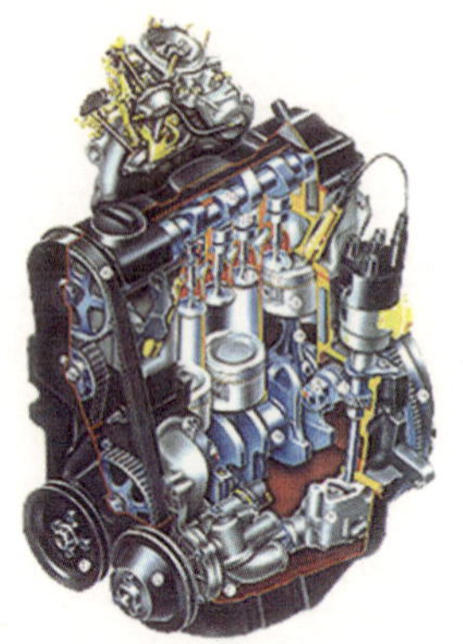

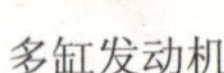

多缸发动机

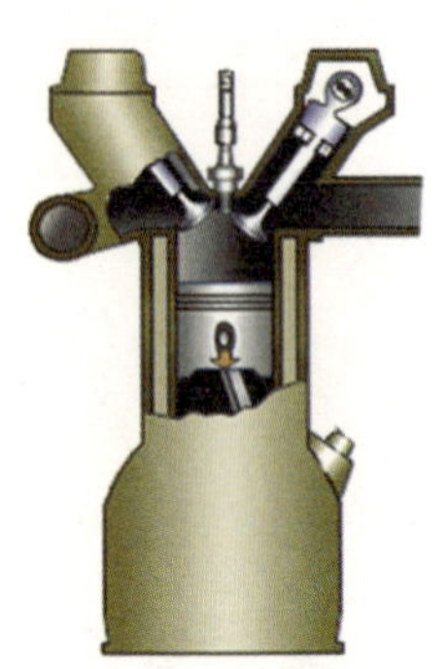

单缸发动机

图 4-2　多缸发动机和单缸发动机

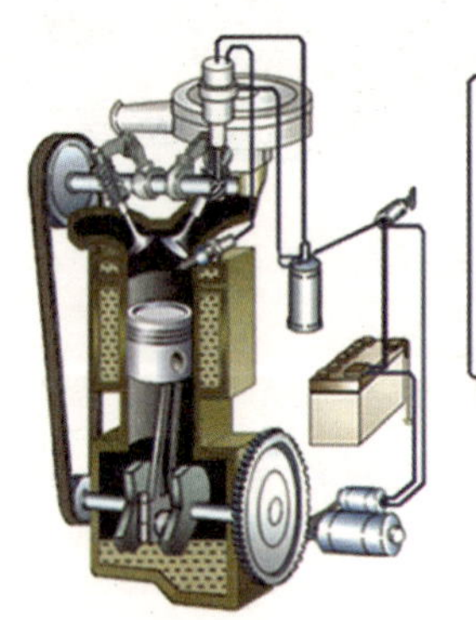

四冲程内燃机

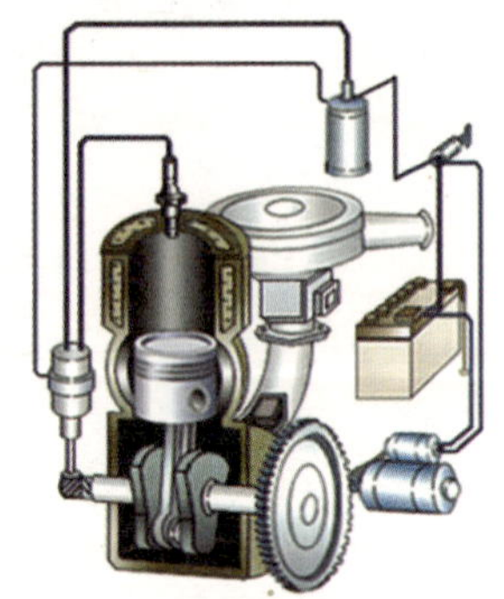

二冲程内燃机

图 4-3　四冲程和二冲程发动机

（3）按照使用燃料的不同分为汽油机和柴油机两种。如图 4-4 所示。

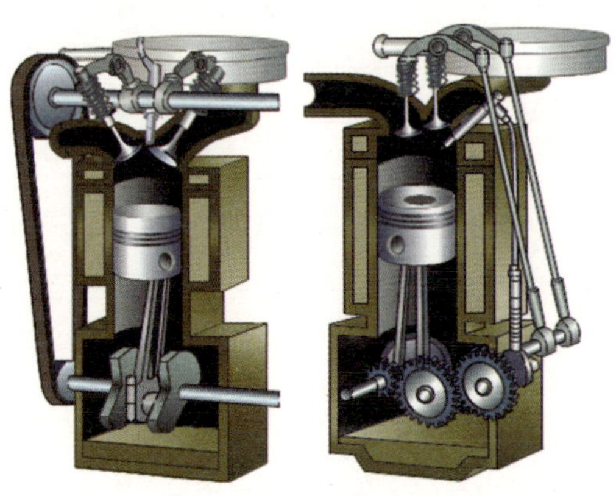

汽油机　　柴油机

图 4-4　汽油机和柴油机

（4）按照发动机气缸的排列形式分为直列式、V 形和水平对置式。如图 4－5、图 4－6所示。

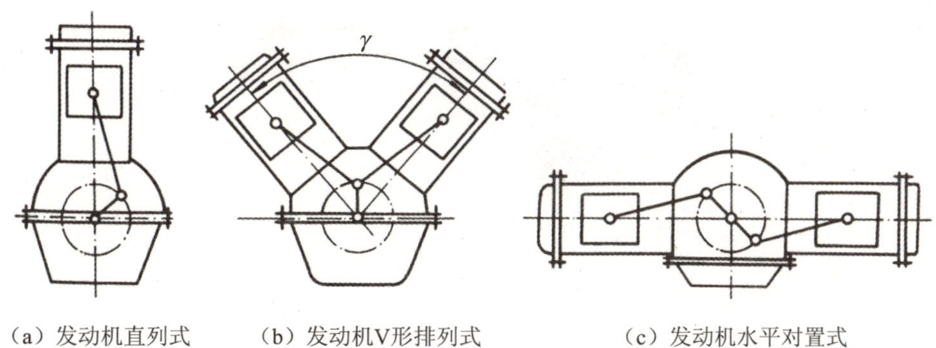

（a）发动机直列式　（b）发动机V形排列式　（c）发动机水平对置式

图 4－5　发动机气缸的排列形式（平面图）

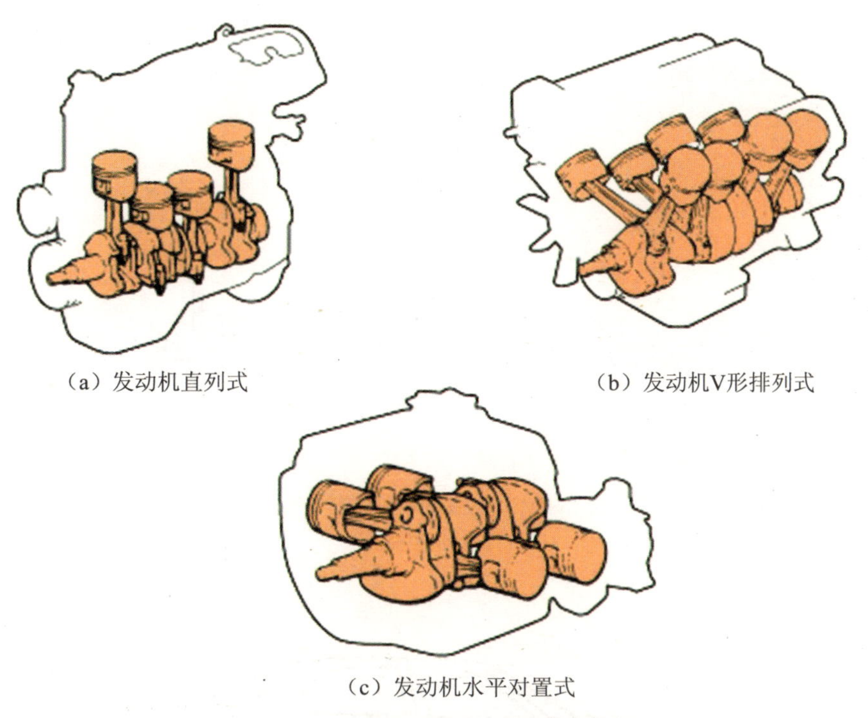

（a）发动机直列式　（b）发动机V形排列式

（c）发动机水平对置式

图 4－6　发动机气缸的排列形式（立体图）

任务二　认识汽车底盘

底盘是汽车的基础，接受发动机的动力，使汽车按驾驶员的控制行驶；如图 4－7 所示。底盘一般由传动系、行驶系、转向系、制动系四大部分组成。

图 4-7　底盘组成

1. 传动系

(1) 传动系的功用。传动系位于发动机与驱动车轮之间，它的基本功用是将发动机发出的动力按照需要传给驱动车轮。

(2) 传动系的组成。如图 4-8 (a)、图 4-8 (b) 所示为汽车传动系的组成。发动机发出的动力依次经离合器、变速器、万向传动装置、主减速器、差速器和半轴，最后传给驱动车轮。

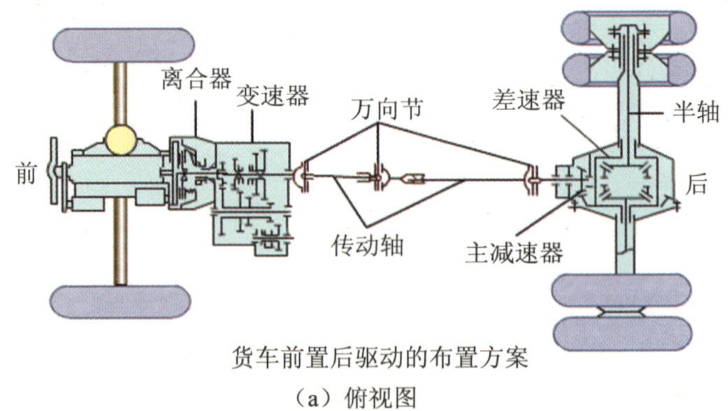

货车前置后驱动的布置方案

(a) 俯视图

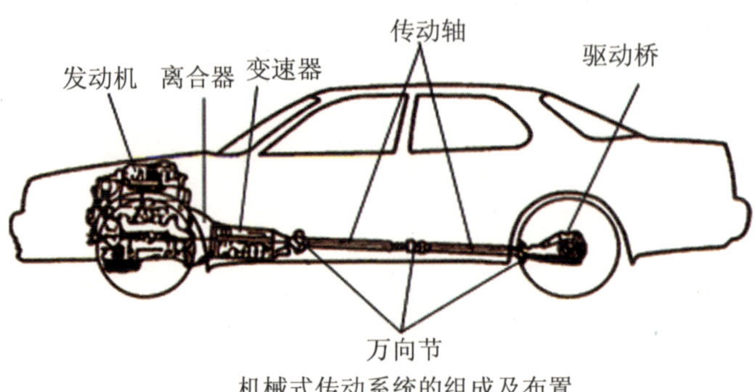

机械式传动系统的组成及布置

(b) 透视图

图 4-8　发动机前置后轮驱动传动系的组成及布置

（3）传动系的布置形式。汽车传动系布置形式主要与发动机的布置和汽车驱动形式有关。

①发动机前置前轮驱动，普通轿车广泛采用。如图 4－9 所示。

②发动机前置后轮驱动，质心较低的轿车采用。如图 4－10 所示。

③发动机后置后轮驱动，多为大客车采用。如图 4－11 所示。

④越野汽车传动系。如图 4－12 所示。

图 4－9　发动机前置前轮驱动

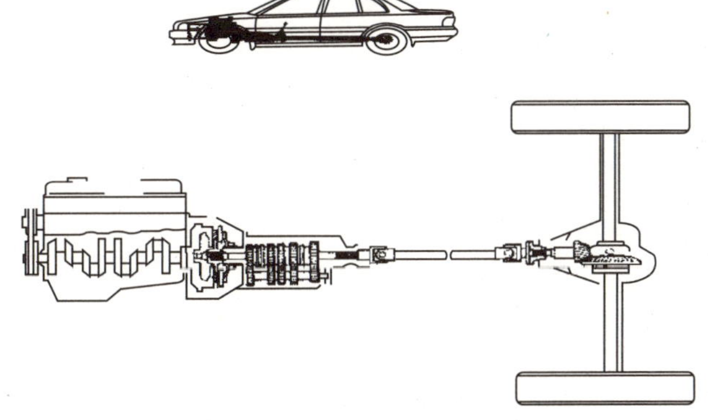

图 4－10　发动机前置后轮驱动

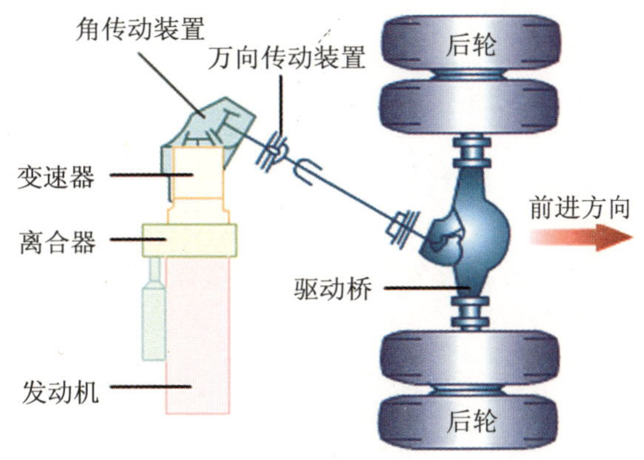

图 4－11　发动机后置后轮驱动

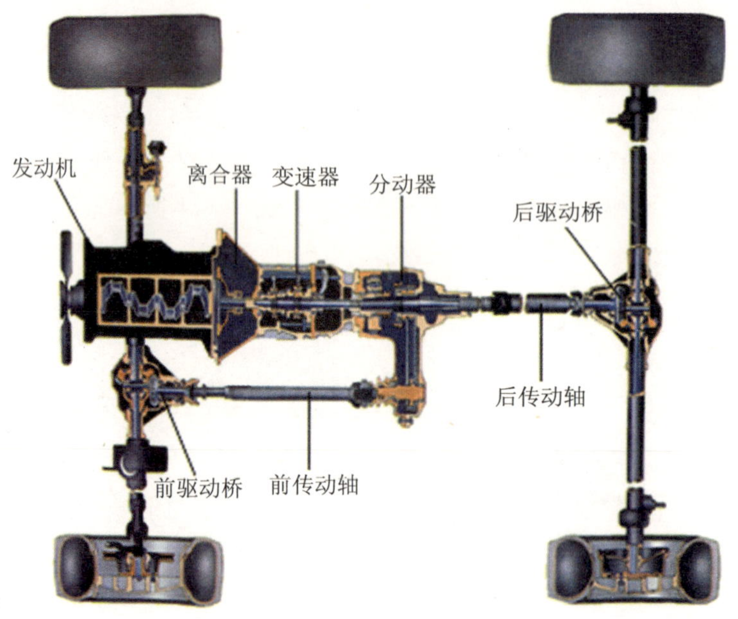

图 4－12　越野汽车布置形式

2. 行驶系

（1）行驶系的功用。行驶系的主要功用是：将汽车构成一个整体，支承汽车的总质量；将传动系传来的转矩转化为汽车行驶的驱动力；承受并传递路面作用给车轮的各种反力及力矩；减少振动，缓和冲击，保证汽车平顺行驶。

（2）轮式汽车行驶系的组成。轮式汽车行驶系一般由车架、车桥、车轮和悬架组成，如图 4－13 所示为轮式汽车行驶系结构，如图 4－14 所示为桑塔纳轿车的转向驱动桥。

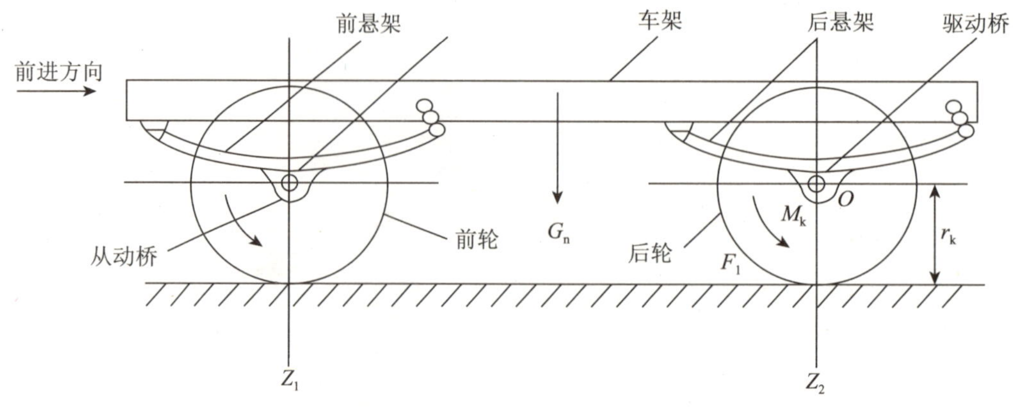

图 4－13　轮式汽车行驶系结构

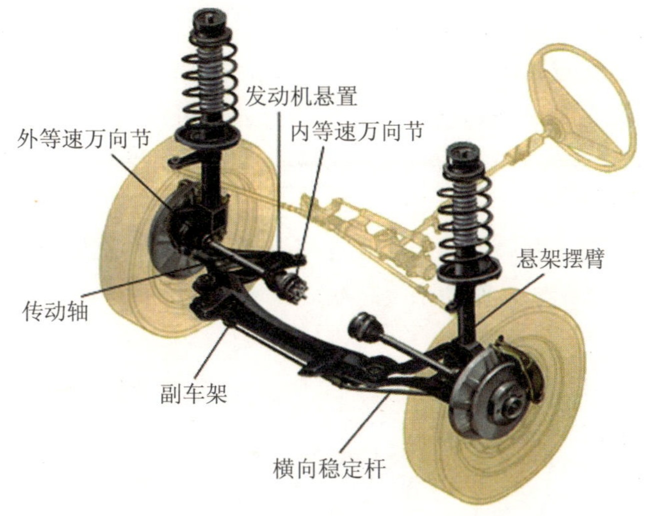

图 4－14　上海桑塔纳轿车转向驱动桥

3. 转向系

（1）转向系的功用。转向系的功用是按照驾驶员的要求控制汽车的行驶方向。

（2）机械式转向系组成。机械式转向系以驾驶员的体力为动力，由转向操纵机构、转向器和转向传动机构三大部分组成，其结构组成如图 4－15 所示。

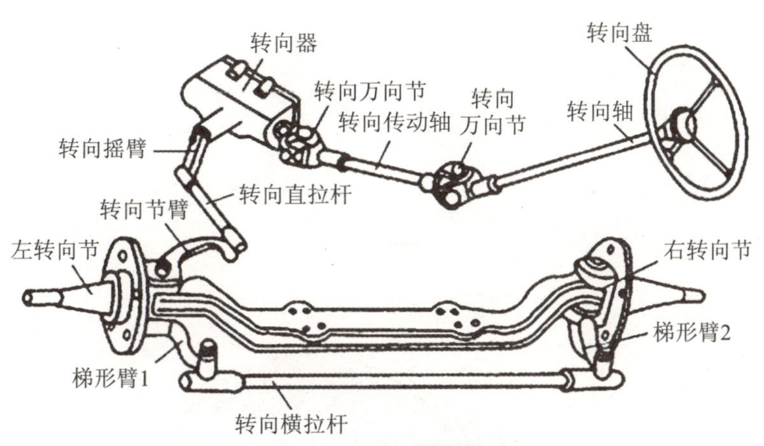

图 4－15　机械转向系示意

（3）转向系的分类。按照转向系的动力源，转向系可分为机械式转向系和动力式转向系。

4. 制动系

（1）制动系的功用。汽车制动系的基本功用是保证汽车行驶中能按驾驶员的要求减速或停车；保证车辆的可靠停放。

（2）制动系的组成。轿车制动装置一般包括行车制动装置和驻车制动装置。行车制动装置主要用于汽车行驶中实现减速或停车，一般由驾驶员用脚操纵，故又称为脚刹车。驻车制动装置主要用于防止停车滑溜，另外还可以辅助离合器完成汽车在坡道上起步或行车制动装置失效时汽车的紧急制动，通常由驾驶员用手操纵，又称为手刹车。

（3）制动装置组成。制动系的制动装置一般由制动器和制动传动机构两部分组成。如图 4－16 所示为桑塔纳轿车制动系统组成。

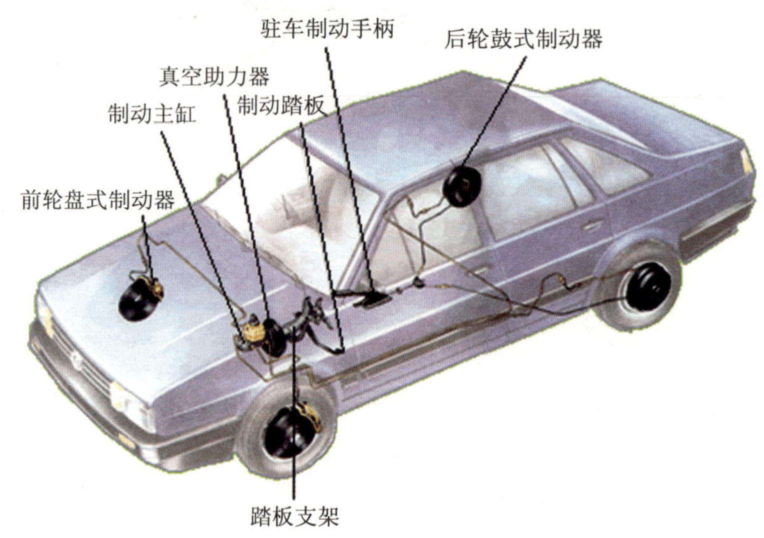

图 4－16　桑塔纳轿车制动系统

（4）制动系的分类。根据旋转元件的不同，制动器又分为盘式制动器和鼓式制动器两类。如图 4－17、图 4－18 所示。传动装置操纵制动器产生或解除制动作用。

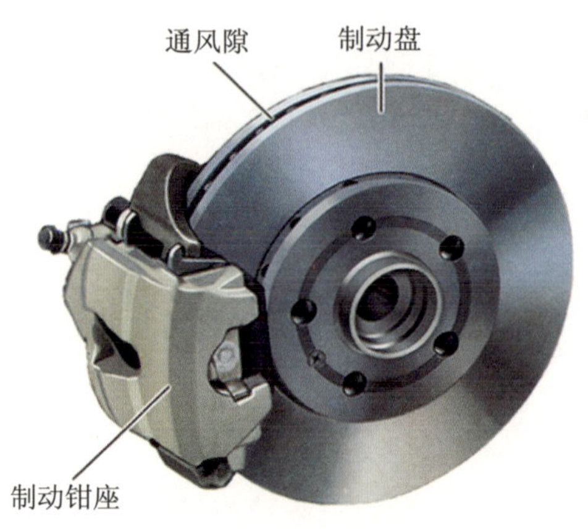

图 4－17　盘式制动器

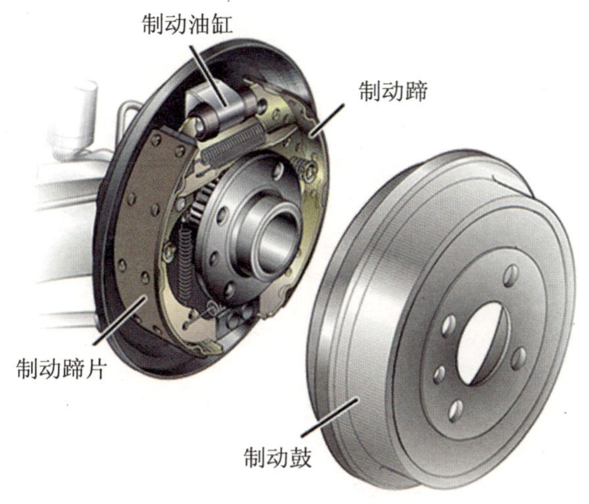

图 4－18　鼓式制动器

任务三　认识汽车车身

车身为驾驶员和乘客提供工作、乘坐空间及装载货物。车身壳体按照受力情况分为非承载式、半承载式和承载式（或称全承载式）三种。

非承载式车身的特点是车身与车架通过弹簧或橡胶垫作柔性连接。在此种情况下，安装在车架上的车身对车架的加固作用不大，而车架则承受发动机及底盘各部件的重力，这些部件工作时通过其支架传递动力以及车辆行驶时由路面通过车轮和悬架传来的力。

半承载式车身的特点是车身与车架用螺钉连接、铆接或焊接等方法刚性地连接。在此种情况下，汽车车身除了承受上述的载荷外，还在一定程度上有助于加固车架，分担车架的部分载荷。

承载式车身的特点是汽车没有车架，车身就成为发动机和底盘各组成部分的安装基础。在此种情况下，上述各种载荷全部由汽车车身承受。

大多数中级、普通级、微型轿车和部分客车车身常采用承载式结构。没有完整的封闭构架的开式车身（敞篷车）很难采用承载式结构。高级轿车车身为了提高汽车的舒适性，减轻发动机及底盘传来的振动及汽车行驶时由路面通过车轮和悬架传给车身的冲击，则采用非承载式结构。

现代轿车承载式车身壳体前部都有副车架，在副车架上安装发动机、传动系统、前悬架和前轮，组合成便于装配和维修的整体。副车架与承载式车身前部的下方用弹簧橡胶垫连接，以隔离振动和冲击，提高车身的舒适性。如图 4－19 所示为捷达轿车的车身壳体。

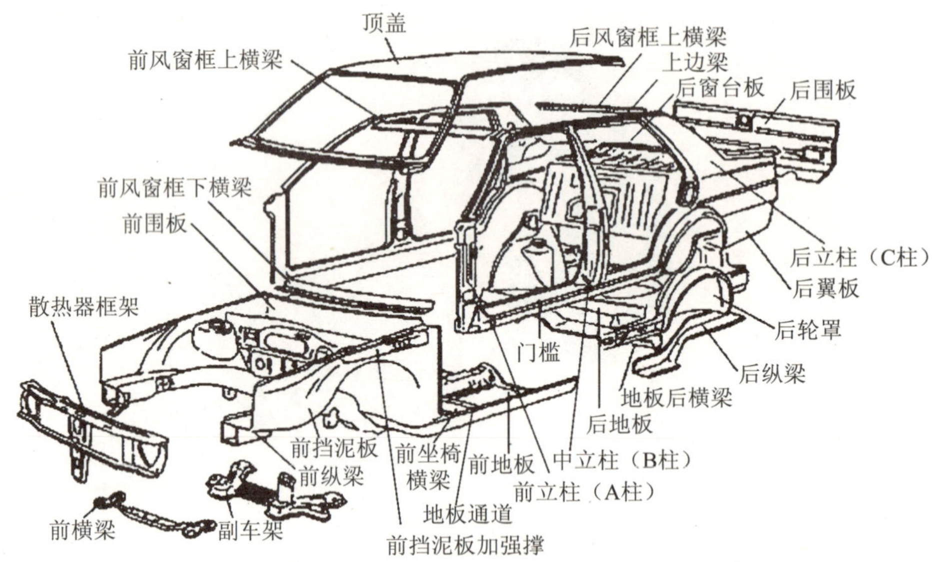

图 4-19　捷达轿车的车身壳体

任务四　认识汽车电气设备

汽车电气设备由电源和用电设备两大部分组成。

1. 电源简介

电源包括蓄电池和发电机。

(1) 蓄电池的功用。

放电：在启动发动机时，它为启动系统、点火系统、电子燃油喷射系统和其他电气设备供电；发电机不发电或电压较低的情况下向用电设备供电；发电机超载时，蓄电池协助供电。

充电：蓄电池将发电机发出的多余电能储存起来。

蓄电池还有稳定整车电气系统电压，保护汽车的电子设备的作用。如图 4-20 所示为蓄电池。

(2) 发电机的功用。发电机是汽车的主要电源，其功用是为用电设备提供电能（除启动机以外），同时向蓄电池充电。如图 4-21 所示为发电机。

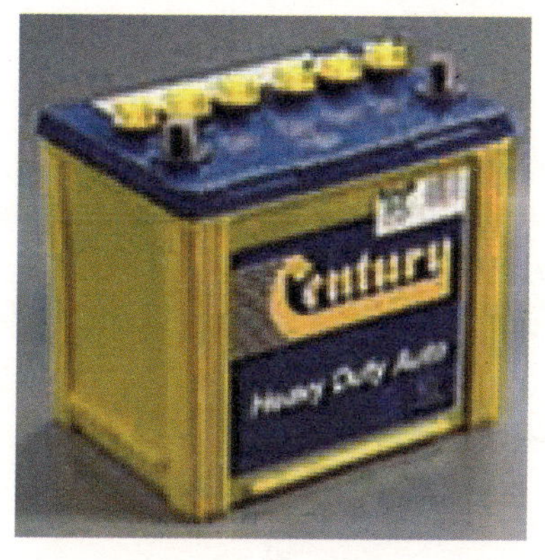

图 4-20　蓄电池

图 4-21　发电机

如图 4-22 所示为汽车上的蓄电池和发电机的安装位置。

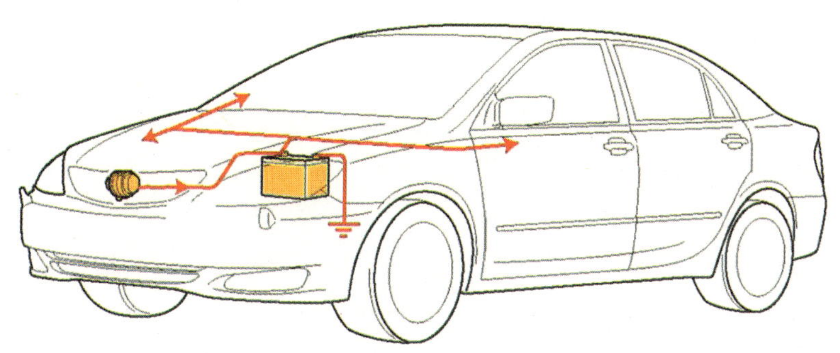

图 4-22　汽车上的蓄电池和发电机的安装位置

2. 用电设备

用电设备包括发动机的点火系、启动系、照明、信号、仪表、空调、音响、刮水器等。现代汽车上包括许多微机控制系统，大量传感器、执行器等均属于电气设备。

（1）点火系。点火系的功用是按照汽油机的工作要求，适时产生电火花，点燃气缸内的混合气。点火系有传统点火系统、晶体管点火系和微电脑控制点火系统三大类。

如图 4-23 所示为传统点火系的基本组成。如图 4-24 所示为晶体管点火系的基本组成。如图 4-25 所示为微电脑控制点火系的基本组成。

（2）启动系。启动系的作用：用来产生力矩，并通过小齿轮驱动发动机的飞轮转动，使发动机启动。

控制电路用来控制启动机的工作。简单电路如图 4-26 所示。

启动系的组成：启动机及控制电路。

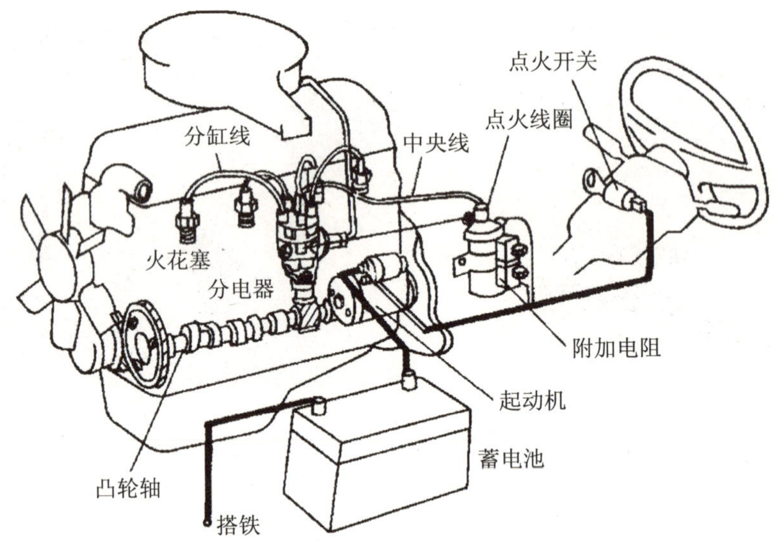

图 4-23　传统点火系的基本组成

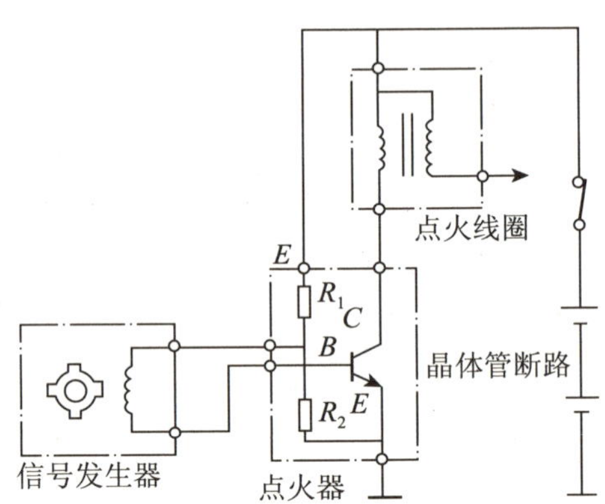

图 4-24　晶体管点火系的基本组成

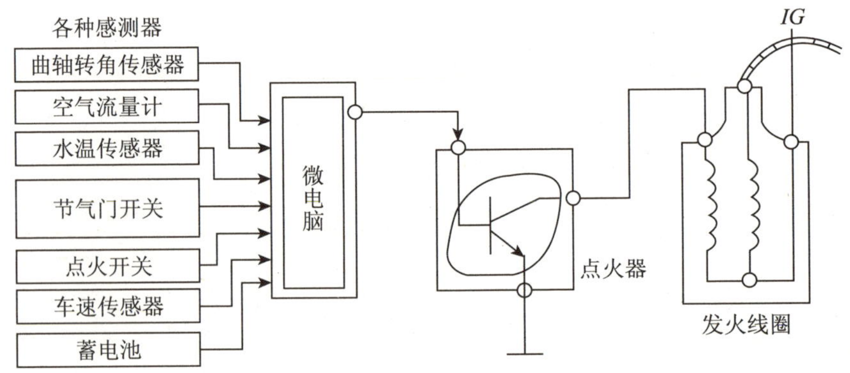

图 4-25　微电脑控制点火系的基本组成

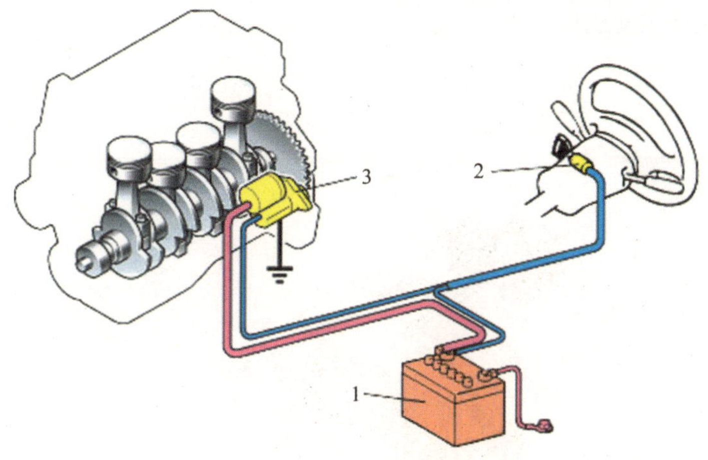

图 4－26　启动系控制电路

1—蓄电池　2—点火开关　3—启动机

(3) 空调系统。

空调系统的作用：调节车厢内的温度、湿度和空气清新度。

汽车空调系统的组成：暖风装置、制冷装置、通风装置、空气净化装置。

汽车空调的控制面板如图 4－27、图 4－28 所示。

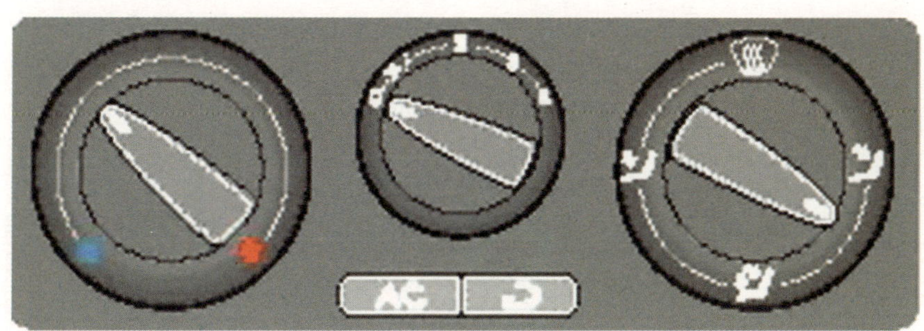

图 4－27　手动空调控制面板

图 4－28　自动空调控制面板

汽车空调制冷装置的组成及安装位置如图 4－29 所示。

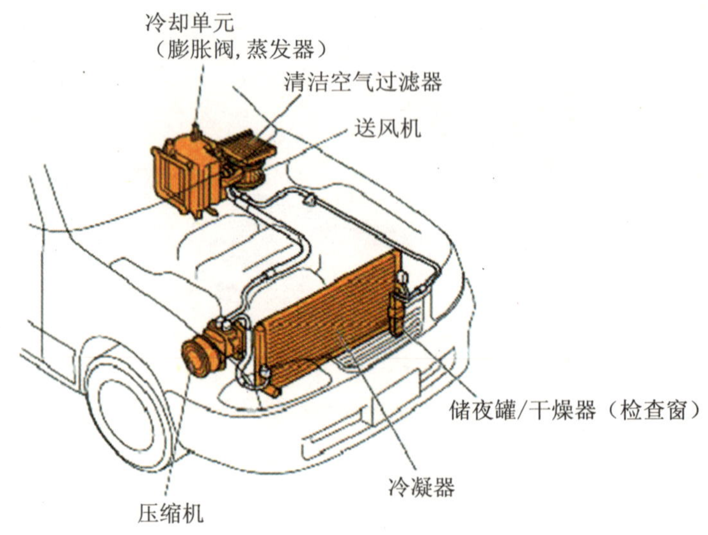

图 4－29　汽车空调制冷装置的组成及安装位置

（4）简单了解现代汽车微电脑控制系统。现代电控发动机种类繁多，形式各异，但都遵循一个相同的原则：以电控单元为核心，以空气流量和发动机转速为控制基础，以喷油器为控制对象，保证发动机在各种工况下都能与所处工况相匹配的最佳空燃比。电控单元通过传感器获取信息，经过复杂的计算分析后，通过执行器完成指令，进行控制。如图 4－30 所示为电控汽油喷射控制系统。

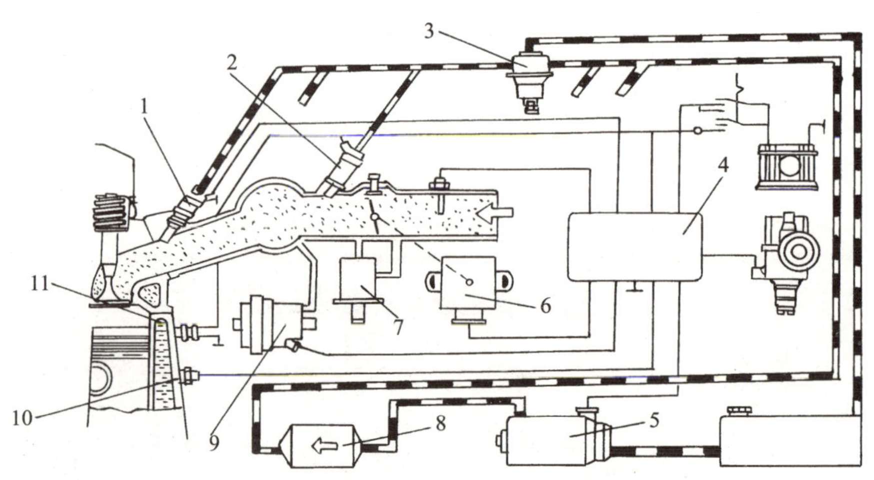

图 4－30　波许公司 D-Jetronic 电控汽油喷射控制系统

1—喷油器　2—冷启动喷油器　3—压力调节器　4—电控单元　5—电动汽油泵　6—节气门位置传感器
7—怠速空气调节器　8—汽油滤清器　9—进气歧管压力调节器
10—温度传感器　11—热控正时开关

模块小结

汽车是由发动机、底盘、车身和电气设备四部分组成。

发动机是汽车的动力装置，其作用是将液体或气体的化学能通过燃烧转化成热能，再把热能通过燃气膨胀转化为机械能并对外输出动力。它是由曲柄连杆机构、配气机构以及燃料供给系、冷却系、润滑系、点火系、启动系五大系统组成。

底盘一般由传动系、行驶系、转向系、制动系四大部分组成。汽车传动系发出的动力依次经离合器、变速器、万向传动装置、主减速器、差速器和半轴，最后传给驱动车轮。轮式汽车行驶系一般由车架、车桥、车轮和悬架组成。转向系的功用是按照驾驶员的要求控制汽车的行驶方向。汽车制动系的基本功用是保证汽车行驶中能按驾驶员的要求减速或停车；保证车辆的可靠停放。轿车制动装置一般包括行车制动装置和驻车制动装置。

一般轿车采用整体式车身。其特点是车身没有明显的骨架，车身是由外部覆盖件和内部板件焊合而成的空间结构。

汽车电气设备由电源和用电设备两大部分组成。电源包括蓄电池和发电机。

模块五 四冲程汽油发动机

参考学时

4 学时

任务内容

1. 认识四冲程汽油发动机的结构；
2. 了解发动机基本术语；
3. 了解四冲程汽油发动机的工作过程。

任务目标

1. 掌握发动机基本构造；
2. 能表述发动机的常用术语的含义；
3. 能简单表述发动机的基本工作原理；
4. 能独立完成四冲程汽油发动机任务工作单。

任务实施

先由学员熟悉本任务的工作单，了解任务内容。在学习相关知识点后，利用工作单，在教师的指导下完成本任务，同时完成工作单相关内容的填写。

四冲程汽油发动机任务工作单

1. 随着我们学习的深入，我们对汽车的了解越来越多，看右图，你能指出发动机的基本零件吗？请写出来。

2. 看简图了解发动机的常用术语，并对照图示解释以下术语。

活塞行程：________________

燃烧室容积：________________

气缸总容积：________________

气缸工作容积：________________

发动机排量：________________

压缩比：________________

四冲程发动机：________________

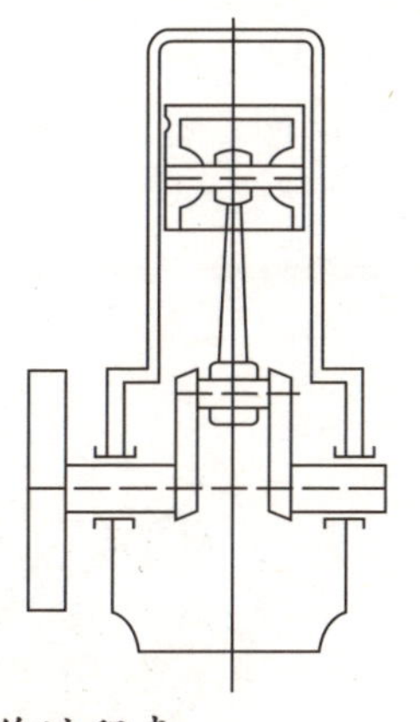

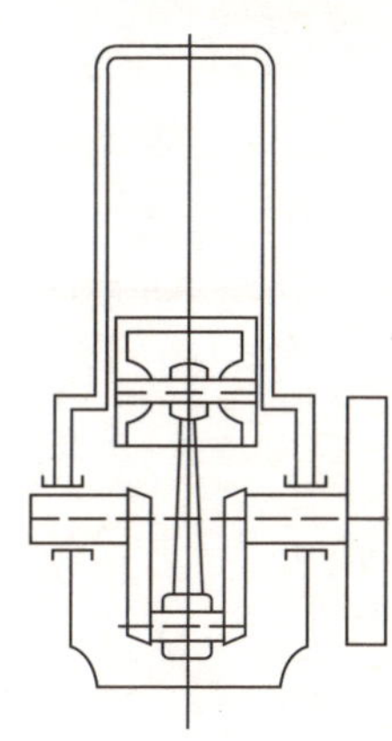

3. 通过学习完成四冲程汽油发动机的工作过程表。

行程名称	活塞运动方向	进气门状态	排气门状态
进气行程			

任务一　认识四冲程汽油发动机的结构

一台车用汽油发动机由许多零部件组成，构造很复杂，但其基本构造都是由几个相同的单缸发动机组成。了解了单缸发动机的构造，也就熟悉了整个发动机的组成。如图 5－1 所示为单缸汽油发动机的结构。

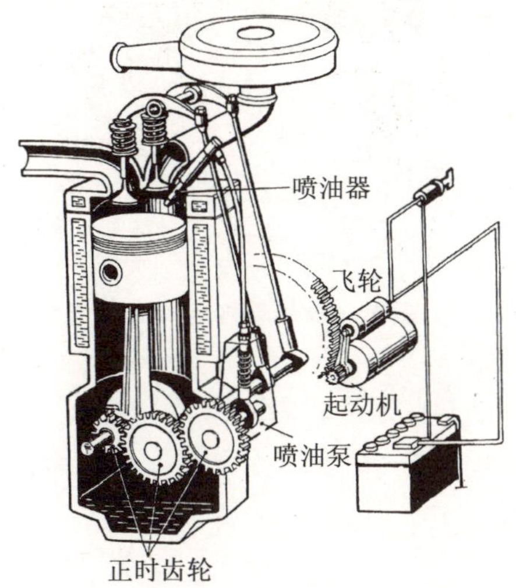

图 5－1　单缸汽油发动机的结构

1. 气缸与气缸体

气缸体是将发动机各机构、各系统组装成一体的基本部件。如图 5－2 所示深色部分为气缸体。气缸体内四个圆柱形空筒是活塞运动的空间，称为气缸。有几个空筒就叫几缸。如 6 缸、8 缸、12 缸等。一般缸数越多，排量越大，劲头越大。

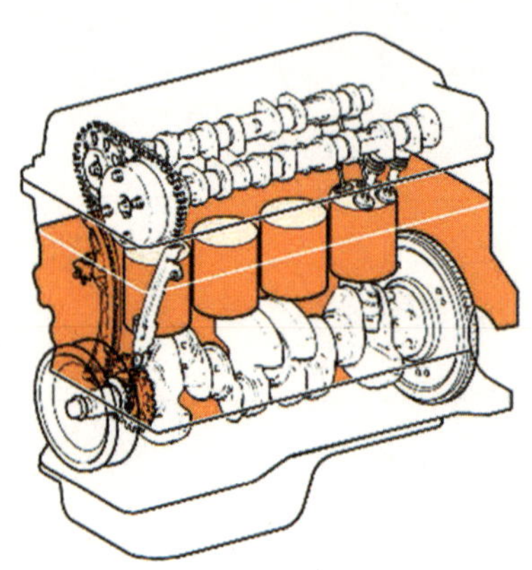

图 5－2　发动机基本结构

2. 气缸盖

如图 5－3 所示图中深色部分为气缸盖。它的主要功用是封闭气缸体上部，并和活塞顶部及缸筒一起构成燃烧室。

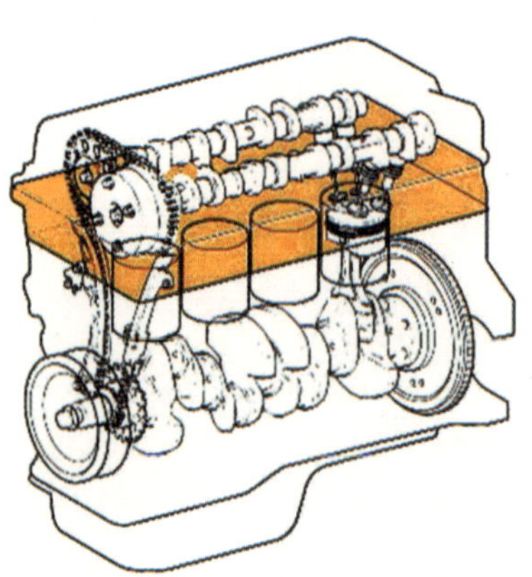

图 5－3　发动机基本结构

3. 活塞和连杆

如图 5－1 所示，活塞承受燃气做功压力，在气缸内做往复直线运动，通过连杆把能量传递给曲轴，推动曲轴旋转。如图 5－4 所示为活塞和连杆；如图 5－5 所示为活塞连杆组；如图 5－6 所示为装配到曲轴上的活塞连杆组。如图 5－7 所示为装配到发动机中的活塞连杆组。

图 5－4　活塞和连杆

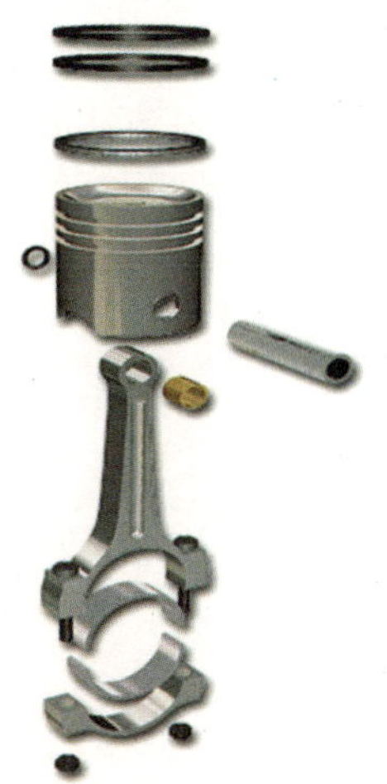

图 5－5　活塞连杆组

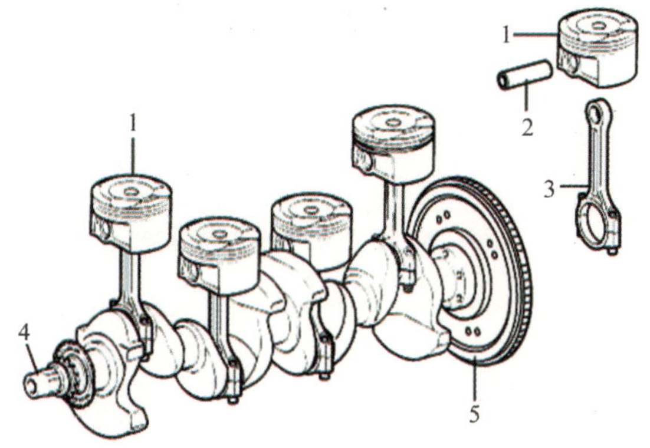

图 5－6　装配到曲轴上的活塞连杆组

1—活塞　2—活塞销　3—连杆　4—曲轴　5—飞轮

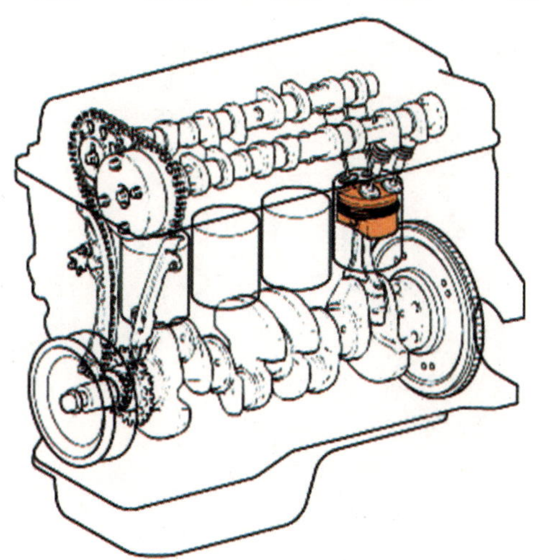

图 5－7　装配到发动机中的活塞连杆组

4. 曲轴和飞轮

如图 5-8 所示，曲轴通过连杆将活塞的往复直线运动转变为旋转运动，飞轮与曲轴一端连接在一起，并向外输出曲轴的动力。图中深色部分为曲轴，轴的一端巨大的圆盘形的零件为飞轮。

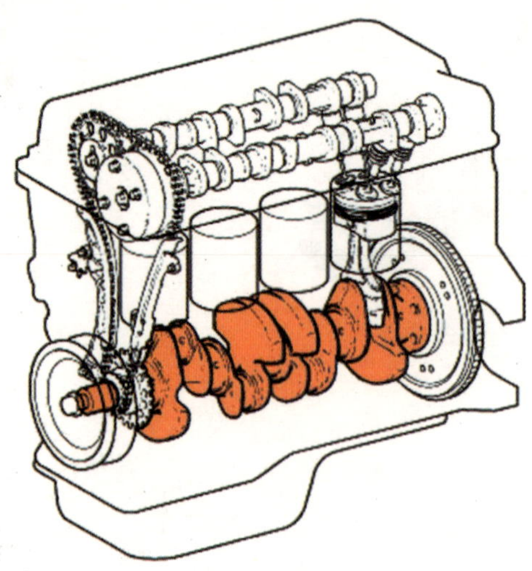

图 5-8 发动机的曲轴与飞轮

5. 凸轮轴

如图 5-9 所示，图中深色部分为凸轮轴及其正时齿轮。凸轮轴的功用是控制气门打开与关闭的时刻和气门开度的大小。

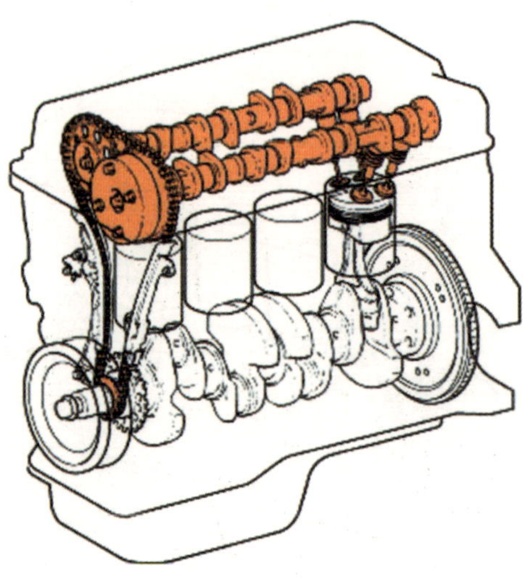

图 5-9 发动机的凸轮轴及其正时齿轮

6. 油底壳

油底壳的功用是储存机油并密封曲轴箱。如图 5－10 所示，深色部分为油底壳。如图 5－11 所示为拆卸下来的油底壳示意图。

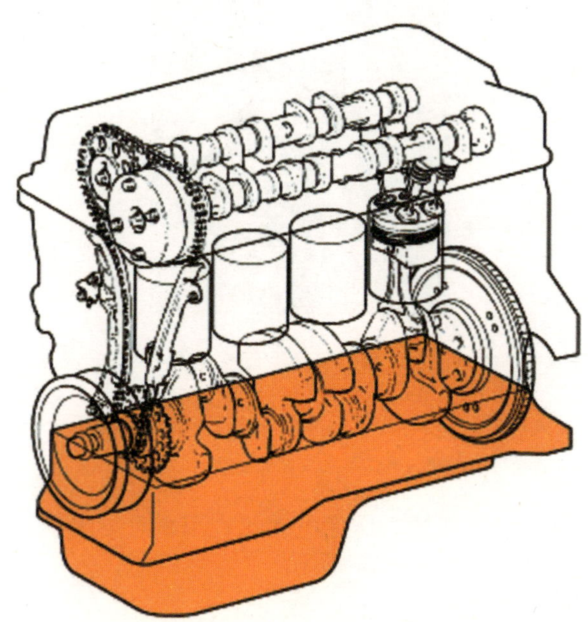

图 5－10　发动机的油底壳

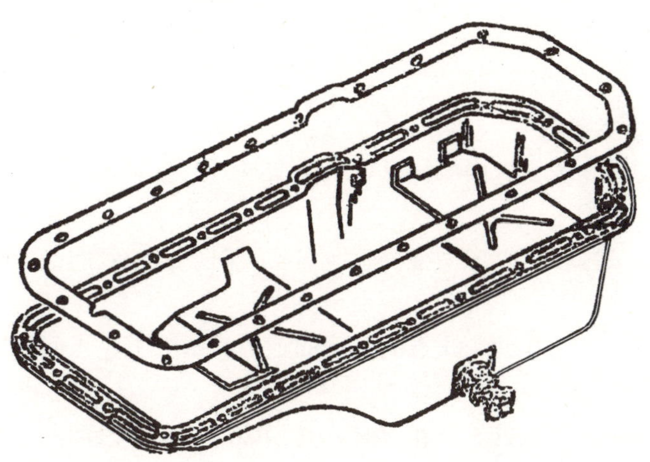

图 5－11　油底壳

7. 气门

如图 5－12 所示，气门分为进气门和排气门，它的功用是封闭气道。与之相应的进气道负责适时向气缸内输送燃料，排气道负责适时排出废气。

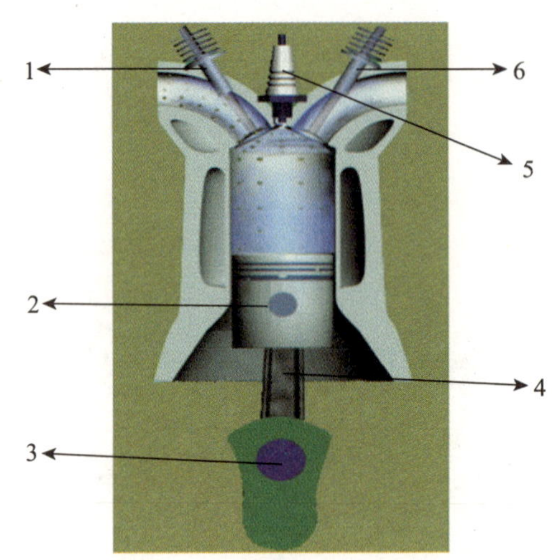

图 5-12　气门与活塞连杆组配合工作

1—进气门　2—活塞　3—曲轴　4—连杆　5—火花塞　6—排气门

8. 火花塞

如图 5-12 所示，火花塞能适时产生电火花，用来点燃燃油与空气的混合气。

任务二　了解四冲程汽油发动机的工作过程

四冲程汽油发动机的工作过程是一个复杂的过程，它由进气、压缩、燃烧膨胀、排气四个行程组成。为了更好地学习这部分内容，我们有必要先学习一下发动机的术语。

1. 发动机的基本术语

(1) 上止点：活塞在气缸内做往复直线运动时向上运动到的最高位置，如图 5-13 所示。

(2) 下止点：活塞在气缸内做往复直线运动时向下运动到的最低位置，如图 5-13 所示。

(3) 活塞行程：活塞在两个止点间移动的距离，即上下止点间的距离，如图 5-14 所示。

(4) 燃烧室容积：活塞处于上止点时，其顶部与气缸盖之间的容积。

(5) 气缸总容积：活塞处于下止点时，其顶部与气缸盖之间的容积。

(6) 气缸的工作容积：单个气缸总容积与燃烧室容积之差，即活塞在上下止点间运动所扫过的容积。

(7) 发动机排量：多缸发动机各缸工作容积的总和。

(8) 压缩比：气体压缩前容积与压缩后容积之比值，即气缸总容积与燃烧室容积之比，表示气体的压缩程度。

(9) 四冲程发动机：曲轴转两圈，活塞上下往复运动四个行程，完成一个工作循环的发动机，称为四冲程发动机。

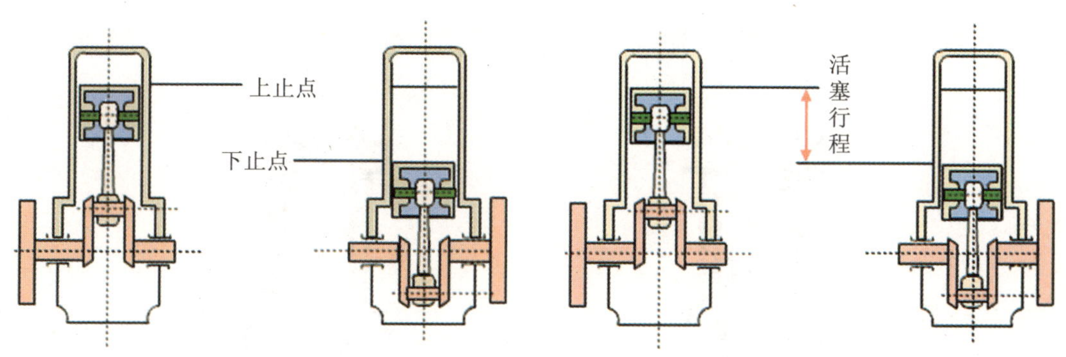

图 5-13　上止点和下止点　　图 5-14　活塞行程

2. 四冲程汽油发动机的工作过程

四冲程发动机的工作过程是活塞往复四个行程完成一个工作循环，包括：进气、压缩、燃烧做功、排气四个连续的工作行程。具体四个行程如下。

(1) 进气行程。如图 5-15 所示，随着曲轴的旋转，活塞从上止点向下止点运动。此时，排气门关闭，进气门打开，可燃混合气或纯净空气进入气缸。

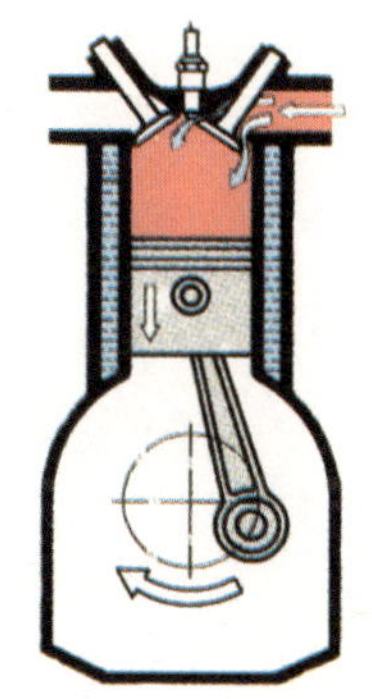

图 5-15　进气行程

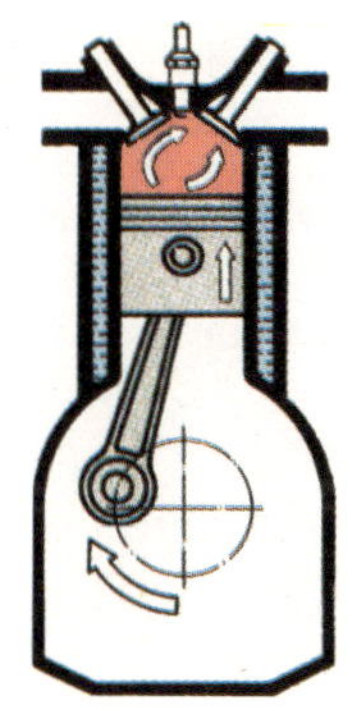

图 5-16　压缩行程

(2) 压缩行程。如图 5-16 所示，曲轴继续旋转，进排气门关闭，活塞由下止点向上止点运动，气缸内气体受到压缩，压缩气体的温度、压力不断上升，当活塞到达上止点时压缩行程结束。

(3) 做功行程。如图 5-17 所示，在做功行程中进排气门仍然关闭，当活塞运行到上止点附近时，混合气被点燃（汽油机）或自燃（柴油机）。可燃混合气燃烧后放出大量的热，使气缸内气体温度和压力急剧上升，高温高压气体膨胀，推动活塞从上止点向下止点运动，通过连杆使曲轴旋转并输出机械功。

（4）排气行程。如图 5－18 所示，当做功接近终了时刻，排气门打开，进气门仍然关闭，靠废气的压力先进行自由排气，活塞到达下止点再向上止点运动时，继续把废气强制排出到大气中。活塞越过上止点后，排气门关闭，排气行程结束。排气终了时，气体压力仍高于大气压力。

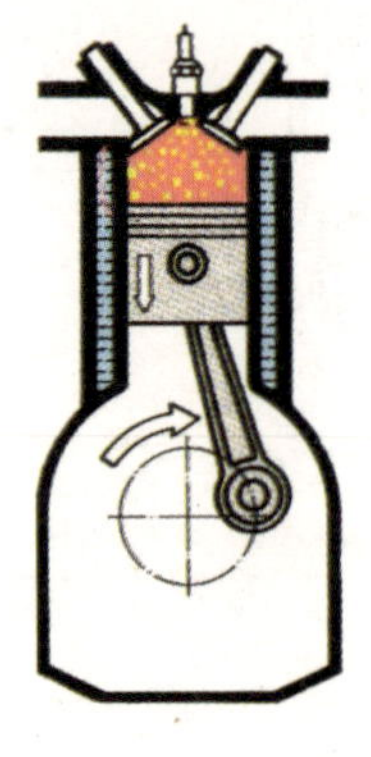

图 5－17　做功行程

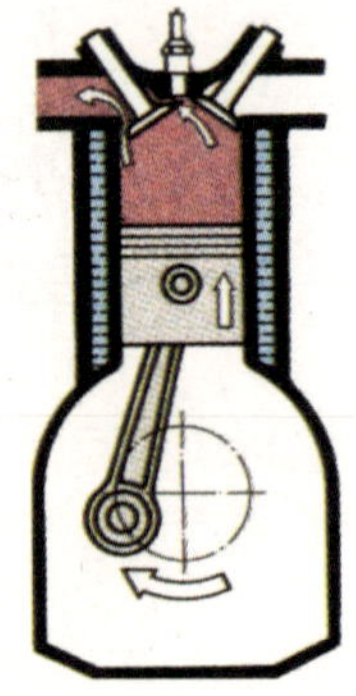

图 5－18　排气行程

模块小结

一台车用汽油发动机由许多零部件组成，构造很复杂，但其基本构造都是由几个相同的单缸发动机组成。在本模块重点介绍了气缸、气缸体、气缸盖、活塞、连杆、曲轴、飞轮、凸轮轴、油底壳、气门、火花塞这些主要的结构零部件。

四冲程汽油发动机的工作过程，包含有如下几个基本术语：上止点、下止点、活塞行程、燃烧室容积、气缸总容积、气缸的工作容积、发动机排量、压缩比、四冲程发动机等。四冲程发动机的工作过程是活塞往复四个行程完成一个工作循环，包括：进气、压缩、燃烧做功、排气四个连续的工作行程。

模块六　汽车选购、保险和事故处理

参考学时

2 学时

任务内容

1. 了解汽车选购过程应注意的问题；
2. 了解如何给汽车上牌；
3. 了解如何购买汽车保险；
4. 了解车辆事故处理流程。

任务目标

1. 能够叙述购买汽车时应注意的问题；
2. 能够知道买车后如何上牌；
3. 能够知道如何选择保险；
4. 知道如何进行事故处理。

任务实施

先由学员熟悉本任务的工作单，了解任务内容。在学习相关知识点后，利用工作单，在教师的指导下完成本任务，同时完成工作单相关内容的填写。

汽车选购、保险和事故处理工作单

1. 我们买车时考虑的因素很多，试分析一下选购汽车时，需要考虑的问题。

____

____

____

2. 买车后，需要上牌照，试述其流程。

____

____

____

3. 通过学习，你对汽车保险有多少了解？简单写出我国汽车保险的分类。

4. 如果汽车出了意外事故，该如何处理呢？简述车辆理赔服务流程。

任务一　选购汽车

随着经济的发展，生活水平的提高，汽车走进千家万户，不再是中国人的梦想。面对目前众多的车型，如何购买到称心如意的汽车，对多数人而言是一门全新的学问。这里对选购家用乘用车（轿车）的基本原则和方法提供一些看法，供购车者参考。

1. 选择购车档次

选购汽车首先应考虑购车目的、用途和家庭经济条件，量力而行。轿车档次分为微型轿车、普通级轿车、中级轿车、中高级轿车和高级轿车等，其对应的排量和价格如表 6－1 所示。同时我们还应考虑附加费用，包括车辆购置税、牌证费、保险费、车船使用税和日常使用费等。高档车各方面收费都较高。

表 6－1　　**轿车分类及信息**

汽车档次	发动机排量（L）	参考价格（万元）	汽车性能
微型轿车	⩽1	⩽10	一般
普通级轿车	1～1.6	10～15	较好
中级轿车	1.6～2.5	15～20	好
中高级轿车	2.5～4	20～30	豪华
高级轿车	⩾4	⩾30	超豪华

2. 收集信息

在确定了选购汽车档次后，开始收集相关汽车的信息。收集信息渠道和方式很多。在表 6－2 中列举了几种方式供大家参考。

表 6-2　　信息渠道及其特点

方　式	特　点
请教专家	主要是指有经验的汽车修理工、驾驶员、销售人员、专业老师和管理人员等，他们常年与汽车打交道，所以最有发言权
请教身边购车者	可以向他们咨询，如汽车发动机工作稳定吗？驾驶感觉如何？山道上跑得怎么样？小毛病多不多？修理厂的态度好吗？百公里油耗多少等
查询网上车友论坛	网民在网站上发布无数的帖子，语言生动、直言不讳。信息量之大，任何媒体无可比拟，可以作为一个参照
留意新闻媒体的报道	近年来，新闻媒体对于汽车的报道越来越多。通常，新闻媒体的报道正面为多，注意将不同媒体、不同来源的消息放在一起分析，得出结论

3. 对比信息

（1）汽车款式。目前市场上家庭购买较多的汽车款式主要有以下几种：两厢车、三厢车、MPV、SUV、跑车、轿跑车、交叉型乘用车等。

两厢车的车尾没有行李箱，后排座位后面能摆放简单行李。车身短，机动灵活，便于停车入位；比三厢车相对省油。

三厢车有独立的行李箱，但只能放扁阔的物品。车身较两厢车长。

MPV 汽车（Multi-purpose Vehicle）称为“多用途汽车”，它既可以用做乘用车，也可以用做商务车，还可以用做休闲旅行车，它兼具了轿车的舒适性和小型客车的较大空间。

SUV 汽车（Sport Utility Vehicle）是指造型新颖的多功能越野车，它不仅具有 MPV 的多功能性，而且还有越野车的越野性。

轿跑车兼有轿车和跑车的特点，一方面强调要善于奔跑、具有运动性，另一方面又不能丢掉轿车载人、实用的功能。它给人以潇洒的感觉，车速快，为众多年轻人和汽车运动爱好者所青睐。

（2）汽车颜色。汽车颜色的选择，彰显车主的个性，我们不能武断地判定哪种颜色好、哪种颜色不好。在这里我们仅把颜色与人的心理感觉、颜色与行车安全稍作介绍，给购车者以参考。

汽车的颜色五花八门，不同颜色给人的感觉不同。银灰色最能反映汽车本质的颜色。美国杜邦的调查结果显示，银色汽车最具人气，也最具运动感。

白色给人以明快、活泼、清洁、朴实、大方的感觉，容易与外界环境相吻合而协调。白色车相对中性，对性别要求不高。

黑色给人以庄重、尊贵和严肃的感觉。黑色一直是公务车最受青睐的颜色，高档车黑色气派十足，但低档车最好不要选用黑色。

红色给人以跳跃、兴奋和欢乐的感觉。阳光下感觉如同一团火焰，非常夺目，跑车或运动型车非常适合。

蓝色给人感觉是清爽、舒适、豪华和气派。

黄色给人以欢快、温暖和活泼的感觉。黄色是扩大色，在环境视野中很显眼，跑车选用黄色非常适合，小型车用黄色也非常适合。出租车和工程抢险车一般选用橙黄色，一是便于管理，二是便于人们早早地发现，可与其他汽车区别。

绿色有较好的可视性，这是大自然中森林的色彩，也是春天的色彩。小车选绿色很有个性，但豪华型车如果选用绿色，会有点不伦不类的感觉。

另外，颜色是有进退性的，即所谓的前进色和后退色。同样距离，前进色看起来近些，后退色看起来远些。例如相同的距离，你就会觉得红色车和黄色车要离自己近一些，是前进色；而蓝色和黑色的轿车看上去较远，是后退色。前进色的视觉效果要比后退色好，车主会早一点儿时间察觉到危险情况。再者，颜色还有胀缩性。如将相同车身涂上不同的颜色，会产生体积大小不同的感觉。如黄色看起来感觉大一些，是膨胀色，看起来比实际要大，不论远近都很容易引起注意；而同样体积的黑色、蓝色感觉小一些，是收缩色，收缩色看起来比实际要小，尤其是傍晚和下雨天，常不为对方车辆和行人所注意而诱发事故。

(3) 汽车性能。发动机是汽车的动力源，一般发动机排量大，额定功率和牵引力就大，车速也会高，但百公里燃油消耗也高。所以选择时，在同排量的前提下，要比较功率、牵引力、车速和油耗的大小。考虑汽车经常在什么条件下使用，汽车在经济状态下车速能达到多高等。

汽车的底盘包括传动、行驶、制动、转向等，它直接影响到车辆的行驶安全性、稳定性、舒适性和操作方便性，也影响到汽车的动力性和经济性。汽车变速器有手动和自动两种类型。对于驾驶经验不足者、女性和老年人等，适合采用自动变速器的汽车，但价格要比手动挡汽车高一些，百公里油耗也稍高，汽车加速性能要慢一些。一般来说，汽车的安全性、操控性、舒适程度要求越高，汽车的档次与价位就越高。

车身款式多样，主要从外观颜色、尺寸以及车内空间等方面选择。车身总体尺寸在汽车说明书上都有标出。相同外形尺寸的车辆，轴距和轮距越大，稳定性越好，车内空间越大。缺点是转弯半径大、质量大、油耗高。另外流线形越好的汽车空气阻力越小，越省油。

(4) 汽车售后服务。应选择零配件有保障、维修方便的车辆，这样可以减少维修费用和停驶时间。

4. 确定车型，选择配置，挑选新车

考虑到车辆的用途，日常驾车时间长短，购买人群的偏好等，国内汽车厂家一般给出三种配置供顾客选择：基本型、舒适型和豪华型。

准备正式开始验车时，一定要记住下面这几条。

(1) 核对汽车车型及参数。核对发动机型号与说明书、发票上的是否相同，发动机是进口机还是国产机等。若不一致，车管所将不给办理上牌手续。

(2) 查看汽车外观。查看车漆，车身表面零件之间的接缝是否均匀，各个车门开关的力度是否平均。检查轮胎表面及轮毂是否有划伤。查看汽车配件，如蓄电池的接

头处有无腐蚀、锈迹、松动等老化现象。

(3) 查看汽车内饰。查看仪表盘上各种仪表是否齐全有效；方向盘上下不应有间隙，左右行程不易过大，转动时要轻松灵活自如；车门玻璃升降是否顺滑，密封性是否良好；查看坐椅是否移动自由，并有多个位置可以固定；以及安全带是否伸缩自如。

检查离合器、制动器、油门是否正常。检查随车工具和备胎。

(4) 着车试驾。检查发动机是非常重要的，它的状况直接决定了汽车日后的性能表现。在车外和车内仔细聆听发动机的声音，不应该有尖利的杂音或固定频率的噪声。

点火时各种仪表应该显示正常。点火之后，各种自检指示灯应该熄灭，水温升到正常范围，轻加油时发动机应该响应敏捷，发动机转速应是连续、平稳地提升，无爆震现象。

在行驶过程中，检查转向助力和方向盘的回弹力是否正常，换挡是否顺畅，若出现换挡困难、齿轮异响则为不正常现象。

检查制动是否足够有效。

5. 签订购车协议

与汽车经销商签订购车协议，然后付款。手续办完后提车，同时 4S 店必须提供车辆合格证、购车发票、汽车使用说明书等资料。

任务二　新车上牌

现在大部分 4S 店提供一条龙服务，但要求车主到场。相应的过程如下。

1. 选车，与销售人员达成协议

如图 6－1 所示为到车市选购车辆，期间与汽车销售人员达成购车协议。

图 6－1　甄别车辆

资料来源：http://dazhengzhou.com/bbs/forum.php?mod=viewthread&tid=9083426①

①本任务中 8 个图资料来源相同，故下文 7 个图不再一一标注资料来源。

2. 确定车价，交款

如图 6－2 所示，在对车价等购车约定达成协议后，购车人办理相应的付款手续。

图 6－2　交款

3. 办理临时移动手续，保险业务等

一般地，4S 店提供相应的服务，指派相应的服务人员到车管所办理临时移动手续，同时车主办理保险业务。如图 6－3 所示为保险业务办理。

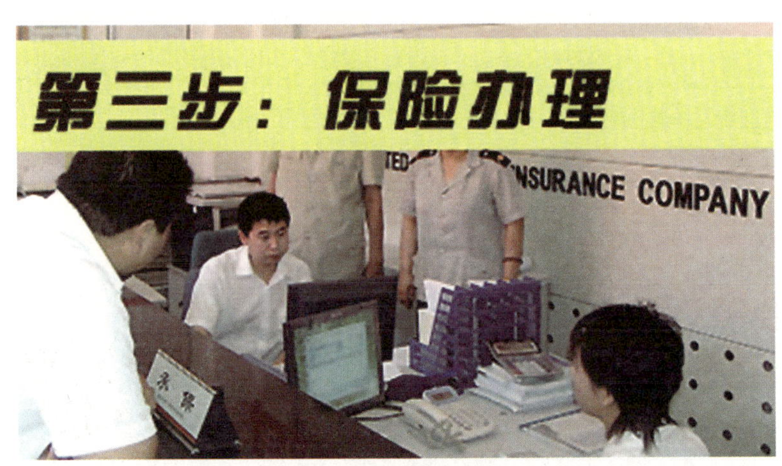

图 6－3　保险办理

4. 办理车辆购置税

办理车辆购置税业务，一般地，需要购车人提供居民的身份证、车辆的发票、保单等。如图 6－4 所示为购置税业务办理大厅。

图 6-4 购置税办理

5. 验车上牌

新车验车、上牌时，需要去汽车检测场办理。验车时需要备齐以下资料：购车发票、车辆合格证、身份证或单位的企业代码证、保险单或者保险证、购置附加费证、户口本或暂住证（一年以上）。填写机动车注册登记表，然后验车，新购轿车现在一般免检。如图 6-5 所示为办理验车上牌手续场所。

图 6-5 办理验车

6. 选号上牌

在选择车牌号码时，一般地，由电脑提供几个号码，车主可任选一个或自编号码。如图 6-6 所示为车主通过计算机系统选择车牌号码。领取牌照后，需要将车牌安装在车辆指定位置上。

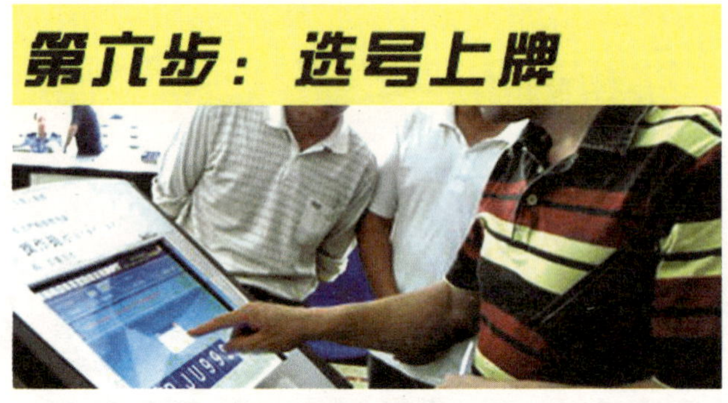

图 6-6 选号上牌

7. 拓号拍照，给车辆备案

工作人员给车辆拍照，要求看清车辆牌照和车辆外观，以及发动机拓号，完成车辆备案。如图 6-7 所示为办理相关业务场所。

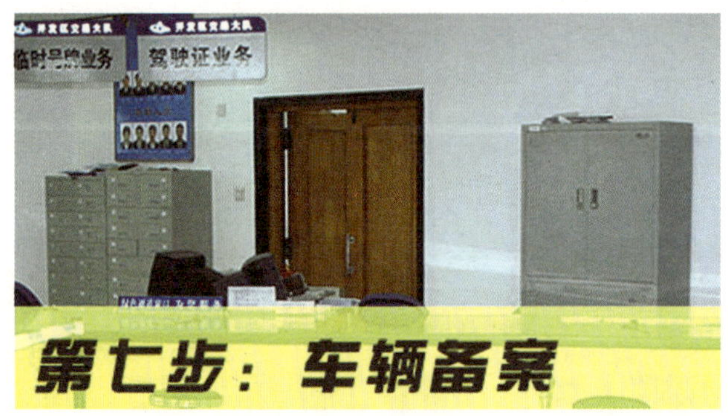

图 6-7 车辆备案

8. 领证

备案完毕，领取机动车登记证书和行驶证，如图 6-8 所示为机动车行驶证等。

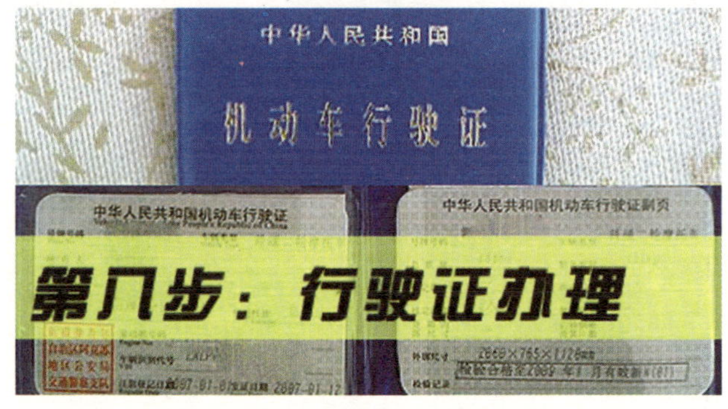

图 6-8 领取证件

9. 缴纳车船使用费

车主还应注意，及时到税务部门缴纳车船使用费。

任务三　了解车辆保险

1. 汽车保险的定义

汽车保险是保险人通过收取保险费的形式建立保险基金，并将它用于补偿因自然灾害或意外事故所造成的车辆的经济损失，或在人身保险事故发生时赔偿损失，负担责任赔偿的一种经济补偿制度。

2. 汽车保险的种类

我国汽车保险分为机动车交通事故责任强制保险险、基本险和附加险，其中附加险不能单独参加保险。

3. 办理保险的手续

汽车保险可由汽车销售商代办或车主直接到保险公司投保。

办理保险时需携带机动车驾驶证，若为未上牌照的新车需要提供销售发票和车辆合格证。另外需携带投保人身份证或者单位的企业代码证。

通常我们说的交强险即为机动车交通事故责任强制保险。一般地，总保额为 6 万元，含 5 万元的死亡、伤残费用；8000 元的医疗费用；2000 元的财产损失费用。保费要看车型和用途，例如一般家庭自用汽车 6 座以下 1050 元；企业非营业汽车 6 座以下 1000 元；营业出租租赁 6 座以下 1800 元。其他险种视具体情况投保。

投了不计免赔车辆保险，不代表遇见事故就能全赔

云南玉溪的陈小姐为自己的爱车买保险时，特意挑选了一份不计免赔险，她认为，所谓不计免赔险就是不管什么情况下都可以赔偿的保险，这样就能最大限度地降低开车的风险了。可就在前不久，陈小姐外出办事时发现车身被人用利器划伤，当时她没在意，直到理赔时，被告知车身划痕险有 15％的免赔率，这意味着她要自行承担 15％的维修费。陈小姐感到纳闷：难道买了不计免赔险也不能获得全赔吗？

盛大保险网的保险专家解释：不计免赔险分为“基本险不计免赔险”和“附加险不计免赔险”。陈小姐买的就是“基本险不计免赔险”，这是个附加条款，如果投保者选择了这一条款，那么在事故发生后，在车损和第三者责任内保险公司会承担她本人应该承担的部分风险。也就是说，陈小姐开车出了事故，交警认定她要承担 20％的责任的话，投保了不计免赔的她可以不承担责任，而转由保险公司承担。但是“基本险不计免赔险”作为一款附加险种，是为主险服务的。陈小姐所投保的“车身划痕险”

属于附加险种，因此“基本险不计免赔险”不能对其免赔率部分进行赔偿。在此情况下，陈小姐可考虑购买附加险不计免赔险来转嫁风险。

“全险”非“全赔”，购买汽车保险的典型误解

最为典型的就是，不少车主误以为给爱车上了“全险”就可以得到“全赔”。四川成都的李先生把车停在路边过夜，早上起来发现车子的玻璃和玻璃导槽被人撬坏，引擎盖上部分油漆被划伤，同时还有一个倒车镜被敲坏。由于是新车，李先生特意为爱车买了“全险”，即为该车买了交强险、商业三者险、不计免赔险、车损险、盗抢险、车上人员险等保险。在理赔中与保险公司在定损时，保险公司只同意按照单独玻璃险进行理赔。争论不下，诉诸法院。这里专家提醒，“全险”在法律上和保险术语中并不存在，它只是人们通俗用语，因此，“全险”并不等于全赔。这个案例提示各位车主，选择签订汽车保险合同前，首先要搞清楚每个险种项下的责任条款是什么，也就是理赔的前提是什么。即使购买了所谓“全险”，也不一定会获得全额赔偿。投保人选择机动车辆的险种时，应了解自身的风险和特征，根据自己实际情况选择所需要的风险保障。对机动车辆保险市场现有产品应进行充分了解，以便购买适合自身需要的机动车辆保险。

不过，话说回来，并不是所有保险公司都有附加险不计免赔率。另外，即使车主买了不计免赔率险，也还有车主承担部分费用的“绝对免赔”。保险专家在此提醒车主，在购买车险时一定要问清险种再购买，或者让保险公司根据你的车型量身选择适合的保险方案。

最后，需要提醒的是，以上的第一种情况，不计免赔险是不起作用的。如当车损险中应当由第三方负责赔偿，而确实找不到第三方的；另外，因违反安全装载规定而引起的事故，保险公司也应该拒赔。

（资料来源：http：//wenku. baidu. com/view/6a53eabfc77da26925c5b090. html）

任务四　了解车辆理赔服务

当投保车辆发生交通事故，保险公司根据事故责任进行赔偿服务。一般服务流程如图 6－9 所示。

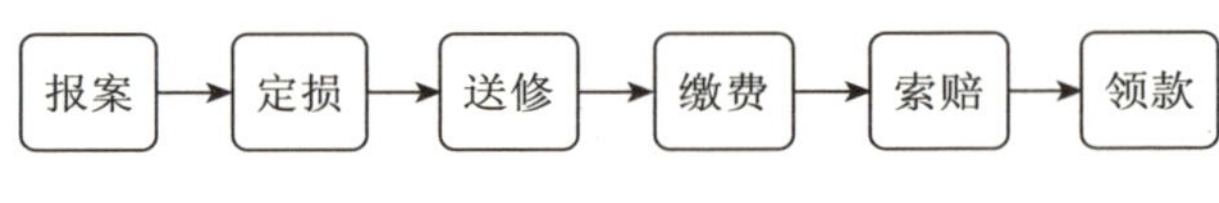

图 6－9　保险理赔流程

1. 报案

及时向交通部门和保险公司报案，并保护好现场。协助警察和保险公司的工作人

员处理事故，检查出险车辆。

2. 定损

保险公司的理赔人员对事故车辆进行拍照，开具委托单并确定维修项目以及维修时间。

3. 送修

把事故车送到修理厂修理。

4. 缴费

修车缴费，索取维修发票。

5. 索赔

车主须携带维修发票、委托单、事故责任书、驾驶证、行驶证等资料到保险公司索赔。

6. 领款

办齐索赔手续半个月后，领取赔款；小额赔款能当天赔付。

相关链接

北京市实施《机动车交通事故快速处理办法》

依据《北京市实施〈中华人民共和国道路交通安全法〉办法》第六十五条“对当事人依法可以自行协商解决或者交通警察可以当场处理的交通事故，公安机关交通管理部门应当制定具体范围标准，并向社会公布”的规定，北京市公安局公安交通管理局和中国保险监督管理委员会北京监管局共同制定了《机动车交通事故快速处理办法(试行)》(以下简称《办法》)，自2007年7月1日起实施。

该办法的实施，主要是针对北京市日益恶化的交通状况。《办法》规定，对仅造成车辆损失或人员轻微伤的交通事故，由当事人自行撤离现场，直接到保险公司办理理赔手续。

自该《办法》实施之后，2007年当年，北京市因交通事故造成的拥堵比2006年同期下降了60%。

模块小结

选购汽车首先应考虑购车目的、用途和家庭经济条件，量力而行。一般在购买前要通过一些渠道了解车辆的信息。同时我们还应考虑附加费用。在充分考虑汽车动力性、经济性的同时，还要考虑汽车的颜色。对于车辆颜色的选择除了根据自己喜好外，还要注意颜色的进退性和胀缩性。经过反复对比信息确定款式和车型。

确定了车型之后，就要选择配置，挑选新车、选车，与销售人员达成协议，确定车价，交款，办理相关手续及业务。

汽车保险是保险人通过收取保险费的形式建立保险基金，并将它用于补偿因自然灾害或意外事故所造成的车辆的经济损失，或在人身保险事故发生时赔偿损失，负担责任赔偿的一种经济补偿制度。其中机动车交通事故责任强制保险是国家规定必须要投保的。

当投保车辆发生交通事故，保险公司根据事故责任进行赔偿服务。一般服务流程为报案、定损、送修、缴费、索赔、领款六步组成。但是随着交通状况的日益恶化，包括北京市的多个城市开始实施交通事故快速处理办法，有效地降低了城市拥堵。

模块七　汽车驾驶考证与节油驾驶技术

参考学时

2 学时

任务内容

1. 了解机动车驾驶证考取办法和流程；
2. 了解汽车节油驾驶技术。

任务目标

1. 能够简述机动车驾驶证考证要求；
2. 掌握节油驾驶汽车的一些技术内容。

任务实施

先由学员熟悉本任务的工作单，了解任务内容。在学习相关知识点后，利用工作单，在教师的指导下完成本任务，同时完成工作单相关内容的填写。

汽车驾驶与考证任务工作单

1. 简述驾驶证申请条件。

年龄条件：____

____

____

身体条件：____

____

____

2. 画出驾驶证考取的基本流程图。

____

____

____

3. 汽车驾驶节油技术与__________、__________和__________三方面因素有关。

任务一　了解驾驶考证过程及要求

我国《道路交通安全法》规定，驾驶员驾驶机动车上道路时，应当对机动车的安全技术状况进行认真检查，并携带驾驶证、行驶证、机动车强制保险标志，依法安全行驶。

申请机动车驾驶证，申请人应当符合国务院公安部门规定的驾驶申请条件；经考试合格后，由公安机关交通管理部门发给相应类别的机动车驾驶证。

持有境外机动车驾驶证的人，符合国务院公安部门规定的驾驶许可条件，经公安机关交通管理部门考核合格的，可以发给中国的机动车驾驶证。我国汽车准驾车型及代号如下表所示。

准驾车型及代号

<table>
<tr><th>准驾车型</th><th>代号</th><th>准驾的车辆</th><th>准予驾驶的其他准驾车型</th></tr>
<tr><td>大型客车</td><td>A1</td><td>大型载客汽车</td><td>A3，B1，B2，C1，C2，C3，C4，M</td></tr>
<tr><td>牵引车</td><td>A2</td><td>重型、中型全挂、半挂汽车</td><td>B1，B2，C1，C2，C3，C4，M</td></tr>
<tr><td>城市公交车</td><td>A3</td><td>核载10人以上的城市公共汽车</td><td>C1，C2，C3，C4</td></tr>
<tr><td>中型客车</td><td>B1</td><td>中型载客汽车（含核载10人以上、19人以下的城市公共汽车）</td><td rowspan="2">C1，C2，C3，C4，M</td></tr>
<tr><td>大型载货汽车</td><td>B2</td><td>重型、中型载货汽车；大、重、中型专项作业车</td></tr>
<tr><td>小型汽车</td><td>C1</td><td>小型、微型载客汽车以及轻型、微型载货汽车，轻、小、微型专项作业车</td><td>C2，C3，C4</td></tr>
<tr><td>小型自动挡汽车</td><td>C2</td><td>小型、微型自动挡载客汽车以及轻型、微型自动挡载货汽车</td><td></td></tr>
<tr><td>低速载货汽车</td><td>C3</td><td>低速载货汽车（原四轮农用运输车）</td><td>C4</td></tr>
<tr><td>三轮汽车</td><td>C4</td><td>三轮汽车（原三轮农用运输车）</td><td></td></tr>
<tr><td>普通三轮摩托车</td><td>D</td><td>发动机排量大于50毫升或者最大设计车速大于50千米/时的三轮摩托车</td><td>E，F</td></tr>
<tr><td>普通二轮摩托车</td><td>E</td><td>发动机排量大于50毫升或者最大设计车速大于50千米/时的二轮摩托车</td><td>F</td></tr>
<tr><td>轻便摩托车</td><td>F</td><td>发动机排量小于等于50毫升，最大设计车速小于等于50千米/时的摩托车</td><td></td></tr>
</table>

续　表

准驾车型	代号	准驾的车辆	准予驾驶的其他准驾车型
轮式自行机械车	M	轮式自行机械车	
无轨电车	N	无轨电车	
有轨电车	P	有轨电车	

1. 驾驶证申请条件

（1）年龄条件。

①申请小型汽车、小型自动挡汽车、轻便摩托车准驾车型的，在 18 周岁以上，70 周岁以下；

②申请低速载货汽车、三轮汽车、普通三轮摩托车、普通二轮摩托车或者轮式自行机械车准驾车型的，在 18 周岁以上，60 周岁以下；

③申请城市公交车、中型客车、大型货车、无轨电车或者有轨电车准驾车型的，在 21 周岁以上，50 周岁以下；

④申请牵引车准驾车型的，在 24 周岁以上，50 周岁以下；

⑤申请大型客车准驾车型的，在 26 周岁以上，50 周岁以下。

（2）身体条件。

①身高：申请大型客车、牵引车、城市公交车、大型货车、无轨电车准驾车型的，身高为 155 厘米以上。申请中型客车准驾车型的，身高为 150 厘米以上。

②视力：申请大型客车、牵引车、城市公交车、中型客车、大型货车、无轨电车或者有轨电车准驾车型的，两眼裸视力或者矫正视力达到对数视力表 5.0 以上。申请其他准驾车型的，两眼裸视力或者矫正视力达到对数视力表 4.9 以上。

③辨色力：无红绿色盲。

④听力：两耳分别距音叉 50 厘米能辨别声源方向。

⑤上肢：双手拇指健全，每只手其他手指必须有三指健全，肢体和手指运动功能正常。

⑥下肢：运动功能正常。申请驾驶手动挡汽车，下肢不等长度不得大于 5 厘米。申请驾驶自动挡汽车，右下肢应当健全。

⑦躯干、颈部：无运动功能障碍。

2. 有下列情形之一的，不得申请机动车驾驶证

（1）有器质性心脏病、癫痫病、美尼尔氏症、眩晕症、癔病、震颤麻痹、精神病、痴呆以及影响肢体活动的神经系统疾病等妨碍安全驾驶疾病的；

（2）吸食、注射毒品、长期服用依赖性精神药品成瘾尚未戒除的；

（3）吊销机动车驾驶证未满二年的；

（4）造成交通事故后逃逸被吊销机动车驾驶证的；

（5）驾驶许可依法被撤销未满三年的；

（6）法律、行政法规规定的其他情形。

3. 驾驶证考取程序

（1）申领机动车驾驶证的人，按照下列规定向车辆管理所提出申请。

①在户籍地居住的，应当在户籍地提出申请；

②在暂住地居住的，可以在暂住地提出申请；

③现役军人（含武警），应当在居住地提出申请；

④境外人员，应当在居留地提出申请；

⑤申请增加准驾车型的，应当在所持机动车驾驶证核发地提出申请。

（2）初次申请机动车驾驶证，应当填写“机动车驾驶证申请表”，并提交身份证，县级以上医院体检证明；如果是申请增加准驾车型的，还应当提交所持机动车驾驶证。

（3）参加统一考试。

考试分为三部分：交通安全法律法规和相关知识考试科目（以下简称科目一），场地驾驶技能考试科目（以下简称科目二）和道路驾驶技能考试科目（以下简称科目三）。考试顺序按照科目一、科目二、科目三依次进行，前一科目考试合格后，方准参加后一科目的考试。

初次申请机动车驾驶证或者申请增加准驾车型的，科目一考试合格后，车辆管理所应当在三日内核发驾驶技能准考证明。驾驶技能准考证明的有效期为二年。申请人应当在有效期内完成科目二和科目三的考试。

每个科目考试一次，可以补考一次。补考仍不合格的，本科目考试终止。申请人可以重新申请考试，但科目二、科目三的考试日期应当在 20 日后预约。在驾驶技能准考证明有效期内，已考试合格的科目成绩有效。申请人在考试过程中有舞弊行为的，取消本次考试资格，已经通过考试的其他科目成绩无效。以考证小型汽车为例，驾驶证考取的基本流程如图 7－1 所示。

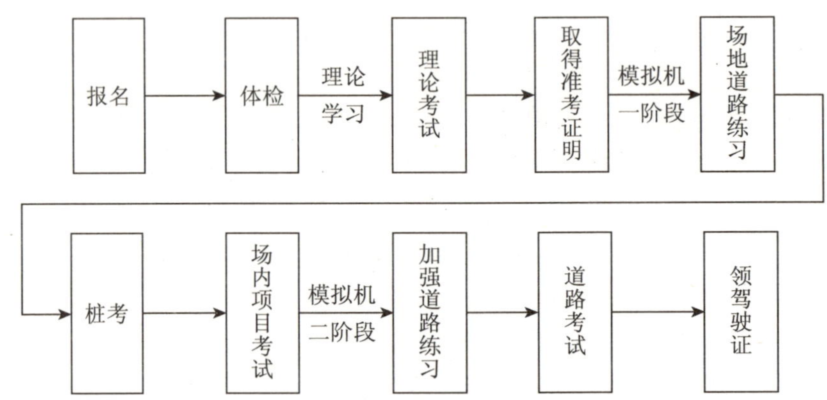

图 7－1　驾驶证考取基本流程

科目一考试题库的结构和基本题型由公安部制定，省级公安机关交通管理部门结合本地实际情况建立本省（自治区、直辖市）的考试题库。如图 7－2 所示为科目一考试现场。

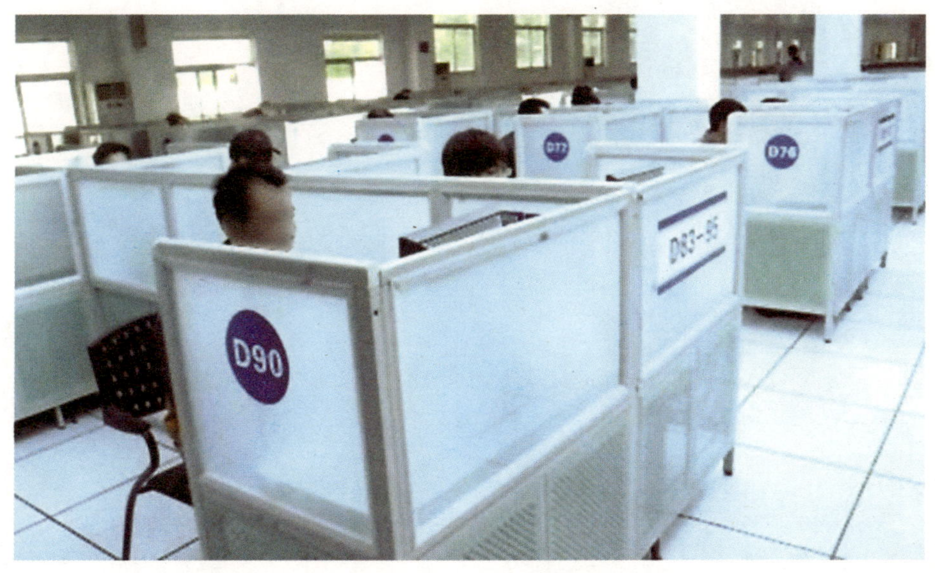

图 7－2　科目一考试

科目二考试项目包括：桩考、坡道定点停车和起步、侧方停车、通过单边桥、曲线行驶、直角转弯、限速通过限宽门、通过连续障碍、百米加减挡、起伏路行驶。分别如图 7－3、图 7－4、图 7－5、图 7－6、图 7－7、图 7－8、图 7－9 所示。

图 7－3　桩考图

图 7－4　定点停车

图 7－5　侧方停车

图 7－6　通过单边桥

图 7－7　曲线行驶

图 7－8　限速通过限宽门

图 7－9　通过连续障碍

科目三考试基本项目包括：上车准备、起步、直线行驶、变更车道、通过路口、靠边停车、通过人行横道线、通过学校区域、通过公共汽车站、会车、超车、掉头、

夜间行驶。

科目二、科目三考试采取必考项目与选考项目相结合的方式进行，选考项目根据不同车型随机选取。

任务二　了解汽车节油驾驶技术

驾驶员在驾驶汽车时，首要的是要保证行车的安全。这就要求驾驶员要严格遵守《中华人民共和国道路交通安全法》以及相关法规；养成安全礼让、文明驾驶的道德意识；树立交通安全意识，掌握好安全行车的各种知识。在此基础上，掌握一些汽车节油驾驶的技术，使驾驶省油、节能。

有关汽车节油的书籍有很多种，讲述的方法五花八门，但总结起来主要有三方面内容：车辆使用工况、车辆状态、驾驶员操作技术。

1. 车辆使用工况

（1）冷启动时要尽快使发动机达到正常工作温度。

现代轿车的正常工作温度一般在 90℃～100℃。如果室外温度比较低，如冬天时，发动机从启动到暖机的时间会比较长。发动机在没有达到正常工作温度时，它的润滑和燃烧都不能达到正常状态，在这种状态下最好不要着急加速，可慢行几分钟，待发动机达到预定工作温度后，再行加速行驶。

（2）车速高于 90 千米/时时要关闭车窗减少风阻。实验表明，打开车窗，汽车的风阻将提高 30%，这将会大大增加汽车的油耗。

（3）减低车辆负载。行李箱中不要放置长期不用的物品，应保持及时清理无谓负载，以降低车辆油耗。

2. 车辆状态

（1）观察车辆工作状况定期保养。车辆工作状态的好坏直接影响汽车的油耗。平时注意观察车况十分重要的，防微杜渐，车辆出现问题第一时间发现并修理以免造成大的故障。比如汽车突然加速无力，多次打火才能启动车辆，行驶的过程中有异响等，一定要找到产生的原因并及时处理好。

（2）定期检查轮胎气压和磨损情况。轮胎处于低于标准气压状态行驶既增加了轮胎和地面的接触面积，又增加了车辆的负载，从而加速了轮胎的磨损。但是轮胎的胎压又不能过高，那样会造成轮胎中央的异常磨损。一般造成轮胎异常磨损的原因是轮胎的定位参数发生了变化，要进行四轮定位的检查。轮胎要定期换位，使轮胎磨损均匀，要注意的是要成套更换不能只更换一个轮胎。

3. 驾驶员操作技术

（1）使用经济车速行驶。经济车速和汽车发动机的排量、挡位等有关系。每种汽车都有自己的经济车速，在此车速下行驶耗油量最低。一般经济型轿车的省油车速是 80 千米/时左右，在开车的过程中尽量保持平稳车速。有些驾驶员喜欢急加速、急刹车，追求驾驶的激情，这种行为是节油的天敌之一。另外，在一些大城市，早晚的上下班高峰时段行车时，驾驶者还是应尽量保持匀速行驶。

（2）避免不必要的怠速运转。一般汽车怠速运转一分钟以上所消耗的燃油要比重新启动所消耗燃油多，所以，如果停车时间较长时，可以将发动机熄火。

究竟车辆怠速多久应熄火，才是最省油、经济及环保的做法

经过我国台湾省的一项实验发现，汽车怠速运转时产生的污染物，以二氧化碳来说，每分钟汽车约对外排放 145 克。减少车辆怠速运转的秒数，显然对减少用油量及污染物排放都有好处。怠速一小时的磨损等同于行车两小时，怠速产生的空气污染物浓度也比行车时来得高。根据试验证明，如果驾驶者每天能减少怠速 10 分钟的话，一年就可以减少用油 57 升。以现在国 III93 号油每升 7.85 元计算，一年可节省 447 多元油费。

（资料来源：新华网——新华汽车，http：//news.xinhuanet.com/auto/2008－07/21/content_8738832.htm）

（3）平稳起步。即保持发动机的转速平稳，缓慢起步。一次猛加油和缓加油，同样的速度，油耗相差有时可达 12 毫升。因此，在启动汽车时，注意平稳加油，切勿猛踩油门，造成燃料空耗。有些司机交通信号灯刚变成绿灯，就紧踩油门第一个冲出去，感觉自己很酷，但是代价是油耗成倍地增加。

省油习惯之起步篇

以 20 千米左右的速度慢行 5～6 秒之后再慢慢加速。其实，汽车的起步怠速慢行，是指车子起步时松开制动器，利用离合与发动机的联动，就能使车缓慢前行，由于起步时车子处于低挡，油门非常敏感，一脚下去很容易使发动机转速不必要地提高，增加油耗，而这种起步怠速慢行的方式，可以使车慢慢加速。

我国近三年交通事故知多少

根据相关报道，2010 年，全国共发生道路交通事故 238351 起，造成 67759 人死亡、275125 人受伤，直接财产损失 9.1 亿元，与 2009 年同期相比，分别下降 10.1%、

7.8%、9.8%和10.7%。其中，发生一次死亡10人以上特大道路交通事故24起，同比减少5起。全国万车死亡率为3.6，同比减少0.7。

2009年全国查处酒后驾驶案件31.3万起，其中醉酒驾驶4.2万起。2010年，全国查处醉驾达8.7万起。2009年1～8月，共发生3206起，造成1302人死亡，其中，酒后驾车肇事2162起，造成893人死亡；醉酒驾车肇事1044起，造成409人死亡。2009年8月15日以来全国查处酒后驾车行动中，短短12天内，全国共查处酒后驾驶违法行为25765起，其中"醉酒驾车"违法案件占到总数的15.1%。

在2008年因酒后驾驶机动车辆发生交通事故造成约18371人死亡，76230人受伤，直接财产损失2.5025亿元。

（资料来源：http：//zhidao. baidu. com/question/270764584. html）

模块小结

《中华人民共和国道路交通安全法》规定，驾驶机动车必须依法取得机动车驾驶证。根据申请人对机动车驾驶类型的申请，申请机动车驾驶证，首先申请人要符合国务院公安部门规定的驾驶许可条件，分别为年龄条件和身体条件。

以小型汽车为例，考试的内容主要为：交通安全法律法规和相关知识考试科目；场地驾驶技能考试科目；道路驾驶技能考试科目。参加考试的人员按照相应的流程进行学习，依次通过以上三个科目的考试，获取机动车驾驶证。

驾驶员在驾驶汽车时，首先要保证行车的安全。这就要求驾驶员要严格遵守《中华人民共和国道路交通安全法》以及相关法规；养成安全礼让、文明驾驶的道德意识；树立交通安全意识，掌握好安全行车的各种知识。在此基础上，注意维护好车辆的工况、状态，掌握合理的驾驶技术，实现省油、节能。

模块八　汽车使用

参考学时

2 学时

任务内容

1. 认识汽车常用油料；
2. 了解汽车轮胎；
3. 了解车辆日常检查项目。

任务目标

1. 能说出汽车常用油料及其选用规格；
2. 能说出汽车轮胎及车轮的组成；
3. 会独立完成车辆的日常检查。

任务实施

先由学员熟悉本任务的工作单，了解任务内容。在学习相关知识点后，利用工作单，在教师的指导下完成本任务，同时完成工作单相关内容的填写。

汽车使用任务工作单

1. 对机油大家都比较熟悉，另外汽车还有哪些常用油料呢？

____

____

2. 简单说一说发动机机油的作用。

____

____

____

3. 汽油牌号越高，抗爆性越____________。
4. 普通汽车轮胎由____________、____________和胎垫组成。
5. 汽车轮胎外胎由____________、____________、____________和胎圈组成。

6. 车轮由____________、____________及____________组成。

7. 能为汽车做简单的日常维护吗？简述车辆日常检查内容。

____

____

____

任务一　了解汽车常用运行材料

1. 汽车油料

汽车常用油料有汽油、柴油、发动机机油、齿轮油、润滑脂、自动变速箱油、动力转向传动液、减震器液压油、冷却液、制动液等，错误选用油料或选用劣质油料，会极大地影响汽车的动力性能、经济性能、排放性能、可靠性及耐用性。

（1）发动机机油。发动机机油的主要作用是润滑、清洁、密封、防锈、防止腐蚀、消除冲击载荷作用等。为了更好地发挥机油的作用，一般厂家会在润滑中加入添加剂。

通常国际上常用的分类法有：SAE（美国工程师学会）黏度分类法和 API（美国石油协会）质量分析法。根据黏度分类法，考虑地区温度和发动机的配合间隙两方面的因素选用适当黏度的润滑油。例如我国华北地区普通轿车可以选用 10W/30 机油或 15W/30 机油。因为高档轿车发动机配合间隙小于普通轿车，所以选用黏温性好的润滑油，比如 0W/4.0 或 5W/4.0 机油。通过对比我们发现 W 前边的数字越小、W 后边的数字越大黏温性越好。

（2）汽油。我国的汽油分为 90 号、93 号、97 号三种。发达国家的汽油分为 91 号、95 号、98 号三种。辛烷值越高，抗爆性就越好。有些地区使用乙醇汽油，优点是加入乙醇后空燃比变稀，能降低排放中 CO 和 HC 的含量。但乙醇含量超过 10%会对燃油系统的某些部件造成损伤，使工况变坏。另外乙醇汽油使汽车动力性能下降、燃油消耗上升。

（3）发动机冷却液。发动机冷却液由软水、防冻剂和添加剂组成。防冻剂大部分使用乙二醇，一些环保要求较高的发动机用丙醇。

（4）制动液。微型和轻型汽车的行车制动都是靠液压来传递动力，即液压制动。重型汽车采用空气助力液压制动；中型汽车采用压缩空气制动。在液压制动中民用车制动液使用的大部分为乙二醇，密封件为自然橡胶。

（5）自动变速箱油。自动变速箱油的主要功用是：液力传动、压力传动、润滑、散热、清洁、缓冲、减速、变矩器锁止、密封等。自动变速箱的正常工作温度为 90℃～105℃。自动变速箱油也要保持黏度适中，加入多种添加剂。自动变速箱许多故障都是因为没有及时换油，换的新油型号不对，烧蚀后没有彻底清洗，油液液面过高或过低造成的。另外注意不同厂家，检查时要求油液的温度可能不同。

2. 汽车轮胎

（1）汽车轮胎的作用。轮胎和弹性元件共同作用承受行驶中受到的冲击，并衰减由此产生的振动，使乘车舒适平稳。通常胎压越低，帘布层越少，缓冲性能就越好。轮胎要有良好的附着性，支持汽车的质量、承受路面的其他反作用力。

（2）汽车轮胎的结构。普通汽车轮胎由外胎、内胎和垫带（胎垫）组成。如图 8－1 所示。

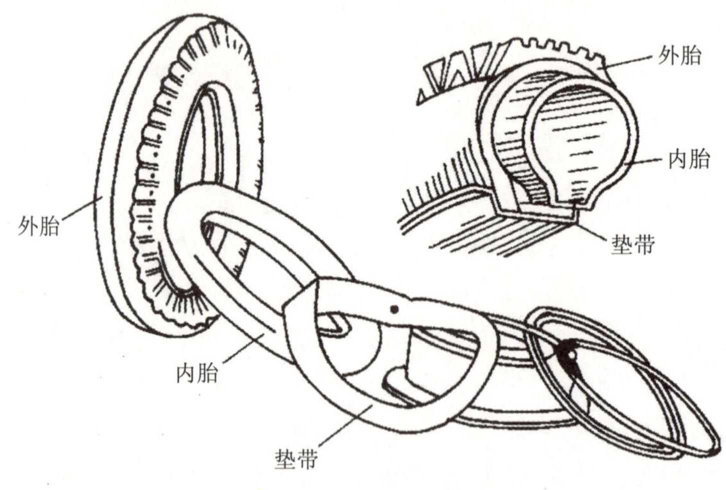

图 8－1　普通汽车轮胎

①外胎。外胎一般由胎面、帘布层、缓冲层和胎圈组成。如图 8－2 所示。

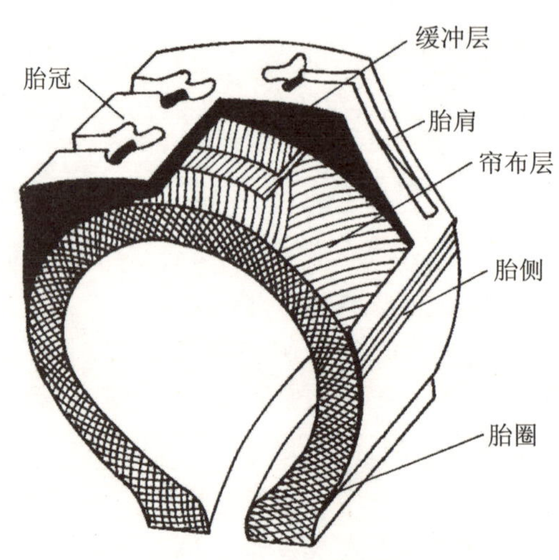

图 8－2　汽车轮胎外胎的结构

②内胎。内胎又称里胎，指用于保持轮胎内压、带有轮胎气门嘴的圆环形弹性管。气门嘴用以充气并使空气在内胎内保持一定压力。内胎应具有良好的气密性、耐热性、弹性、耐老化性及较小的永久变形。

③车轮总成。车轮与轮胎又称车轮总成。如图 8－3 所示，目前我们常用无内胎轮胎，外胎为子午线轮胎。车轮由轮毂、轮辋及轮辐组成。

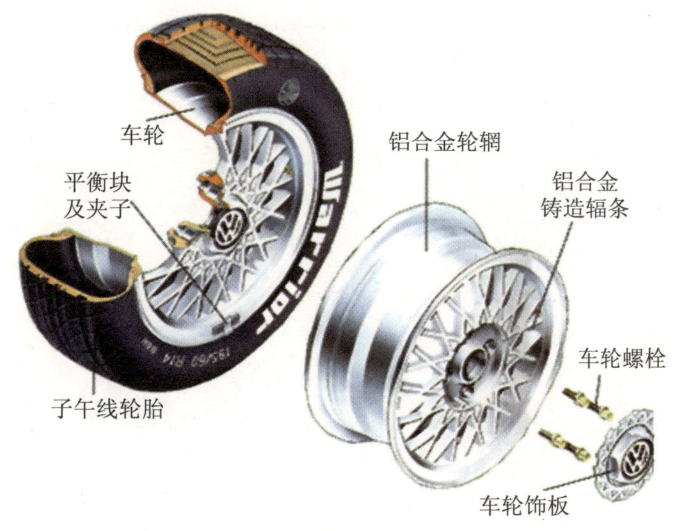

图 8－3　桑塔纳 2000 车轮

赛车的轮胎

F1 赛车轮胎的制造成分大约包含了 100 多种物质，然而，最重要的成分只有三种：碳、油和硫黄。轮胎的软硬度对轮胎最终产生的效果有很大的影响，而轮胎的结构始终是在随着比赛的发展而巧妙地改进。轮胎的框架，是由尼龙和聚酯这两种材料以复杂的方式混合在一起制作而成的，轮胎需要应对强空气动力阻力，以及偶尔辗过赛道边石块形成的强烈撞击，所以轮胎的框架必须具备充足的硬度。通过研究支配轮胎性能的各种因素，最终决定轮胎的最佳工作温度应为 100℃左右。从理论上讲，轮胎面的侧翼、中心及内部各个部分的温度应该是相等的。这一温度也应该在底盘的前后左右均匀分布。底盘后部过热会导致汽车对方向盘反应过于敏感；底盘前部过热会导致汽车转向不灵。此外，还要尽可能地多检查轮胎的气压。当轮胎气压略微下降时（约 1.1 千克/平方厘米），会增大轮胎与地面的接触面积，从而使轮胎与车道的啮合更加有力。但不容忽视的是，仅仅为 0.2 千克/平方厘米的变化就可能完全破坏汽车的平衡。

干地轮胎，是在干燥气候状态下使用的一级方程式赛车专用轮胎，直径 660 毫米，宽度为 350 毫米。比赛规则的要求轮胎的表面有四个纵向的凹槽。这些凹槽在轮胎表面中心线两侧以 50 毫米的间隔对称排列，深度至少为 2.5 毫米。在一级方程式赛车中引进这种轮胎，为的是减少赛车轮胎与地面接触点的面积，即轮胎与地面直接接触产生抓地力的面积。这样就能降低赛车的拐弯速度……为了实现这一看似简单的目的，总会让那么一些轮胎制造商的设计部门焦愁得彻夜难眠。

雨用轮胎除了满足上述的成分和结构方面的要求，还必须注意另一事项：这种轮胎还必须能驱散轮胎接触点和赛道之间的水层。如果水太多，轮胎就会因为完全失去抓地力，而变得打滑。国际汽车大奖赛规则允许每次使用三种不同的雨天用轮胎。根据条纹多少与宽度，分为中性胎、雨胎和大雨胎。只有当比赛主管正式宣布赛道是“湿”的状态时，才能使用后两种轮胎。在每次比赛之前，制造商必须向运动主管单位FIA提供欲使用的每款轮胎的详尽制图。利用计算机模拟，确保雨天凹槽达到最佳尺寸。由于有了这一技术，赛车能够在一秒钟之内散去数十升的水。为了增加清除地面雨水的功能，雨天用轮胎的直径应比旱天用轮胎略宽。中性轮胎是指：在细雨绵绵的天气里，当赛道略微光滑，但尚达不到使用全湿轮胎的要求时，赛车所使用的轮胎。尽管这种轮胎应该拥有很强的适应性，但它的使命非常明确。在正在变干的赛道上，它必须能够驱散雨水。而当潮湿散去之后，它还应能够保持急速和持久耐用。为此，这种轮胎的凹槽应非常浅。

其实赛场上没有太多的策略选择余地，选手们在自由练习时，其实是在进行选择，在权衡了众多因素后，在正式比赛之前，他们必须从中选择一种方案，以后就不得改变主意。根据赛事规则，旱天用轮胎的尺寸有一上限，虽然轮胎越宽，轮胎与地面的接触面积就会越大，但是，在时速高达300千米（185英里/小时）的环境下，增加几毫米的接触面积就会增大阻力，会滞缓几十分之一秒的速度。

（资料来源：http://ent.ifeng.com/home/zhuanti/f101/f107/200401/08/182545.html）

任务二　了解车辆日常检查

汽车在行驶中，由于受各种外部条件的影响，各零部件必然会产生不同程度的松动、磨损、变形及其他损伤，如不及时采取必要的措施，将导致汽车的动力性、经济性、可靠性下降，甚至发生意外事故。

汽车维护就是为了减少汽车零件的磨损，保证汽车具有良好的工作性能，预防故障和事故的发生，延长汽车的使用寿命而采取的技术措施。一般汽车维护时间根据厂家要求各有不同。但内容有相似之处。同时在使用过程中我们也要加强车辆的日常检查与维护。

日常维护属于预防性维护作业，主要以清洁、补给和安全检视为主要内容，由驾驶员负责执行。具体检查项目如下：

1. 清洁汽车外观，检查发动机冷却液是否充足

冷态时，检查冷却液液面高度，液面是否在MAX处，否则补加。如图8-4所示。

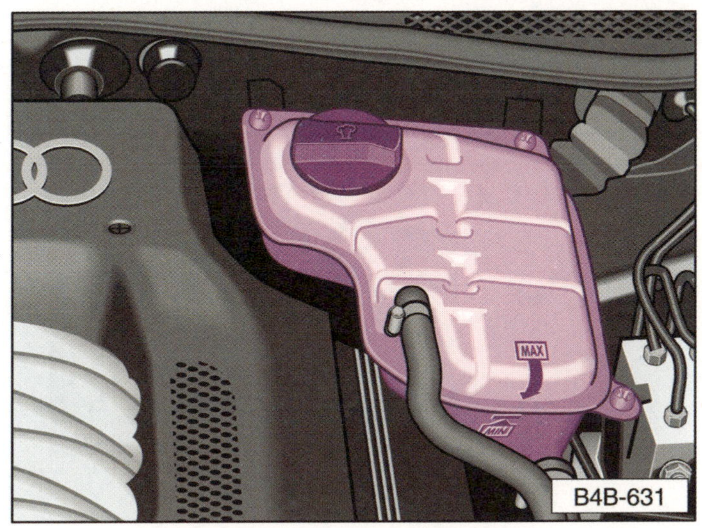

图 8－4　冷却液液面高度

2. 润滑油量检查

检查润滑油有无变质、变稀；润滑油量是否充足；液面高度位于标记的 b 区最合适（a 最大限，b 适中区，c 最小限）。如图 8－5 所示。

图 8－5　润滑油量检查

3. 轮胎花纹的检查

检查轮胎花纹是否符合行驶安全要求。尤其要注意检查轮胎圆周磨损标记，是否达到深度标准。如图 8－6 所示为轮胎花纹圆周磨损标记。一般地，最小深度要求是 1.6 毫米。

图 8-6 轮胎花纹的检查

相关链接

当心以旧充新翻新胎 教你怎样鉴别新轮胎

对于车辆安全来说，与地面接触的轮胎无疑是十分重要的。翻新胎并不能完全算是一种非法产品，国外某些厂家就是专业制造翻新轮胎的，翻新胎在对资源的再利用方面还是有一定的帮助的。

然而有些商家利用翻新胎和新胎之间的差价，以旧充新，赚取高额利润。普通消费者在不知情的情况下购买了翻新胎，势必会构成一种安全隐患，况且这些翻新胎的质量也远无法达到专业厂家生产的程度。因此，鉴别翻新胎就成了消费者应该学习的重要一课。

其实鉴别翻新胎的方法很简单：最常见的就是观察轮胎的色彩和光泽，翻新后的轮胎颜色和光泽都比较黯淡。还可以通过观察胎面和胎侧的搭接部位来鉴别，翻新轮胎的胎面和胎侧之间搭接处不如新胎平整圆顺。

专业的师傅则是通过轮胎上的那些标志来鉴别轮胎，汽车轮胎上都有一些突起的标志，标明轮胎的型号和性能，这些就是鉴别翻新轮胎的突破点，一般翻新过的轮胎的标志都是翻新后重新贴上去的，而崭新轮胎的这些标志则是和轮胎一体的，鉴别方法就是用手指甲抓挠这些标志，一般翻新胎的这些标志贴得都不是很紧，能抠掉的必是翻新胎无疑。

（资料来源：http：//www.pcauto.com.cn/qcyp/peijian/0506/287259.html）

4. 检查轮胎气压

使用专门测量仪器——轮胎压力表，检查轮胎气压是否正常。轮胎气压的大小以

油箱盖上的不干胶标签标注为准，如图 8－7 所示。检查备胎，保证其胎压的最高值。注意轮胎在处于热态时，压力会比平时有所增高，此时不要放气。

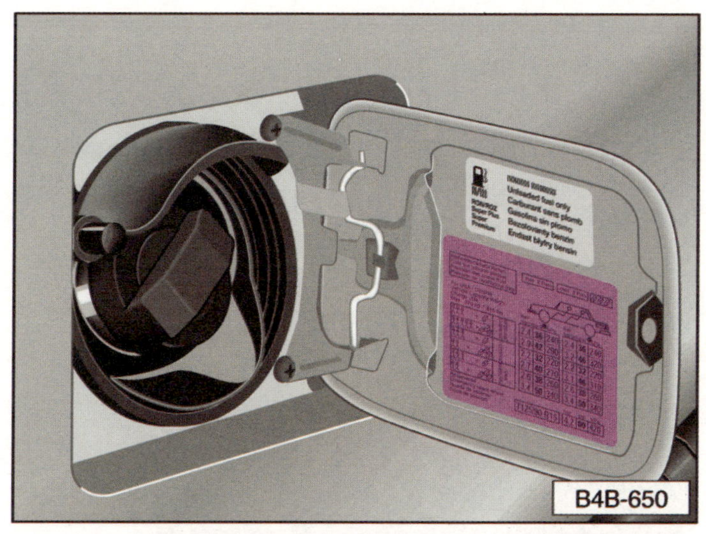

图 8－7　油箱盖内侧的轮胎气压标准值

5. 检查转向助力液

检查转向助力液是否达到标准刻度要求。如图 8－8 所示为助力液的刻度表示，MAX 表示助力液量最高达到的要求，助力液的量不得超过该标志线。相应的，MIN 表示助力液的量不得低于该标志线。高于 MAX 标记，必须将多余的助力液吸出；低于 MIN 标记时，需先行检查密封性，然后再补充助力液体。

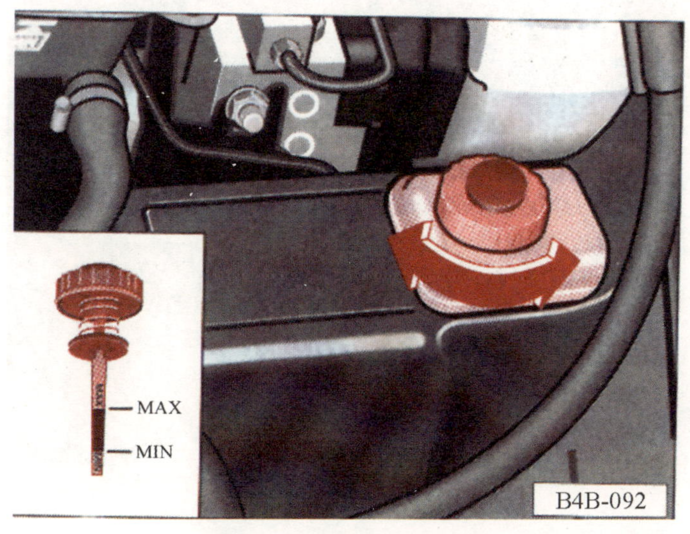

图 8－8　转向助力液的检查

6. 制动液液面高度检查

检查制动液液面是否在MAX处，如图8－9所示。否则需先行检查是否容器有泄漏，然后再补充足够的制动液。

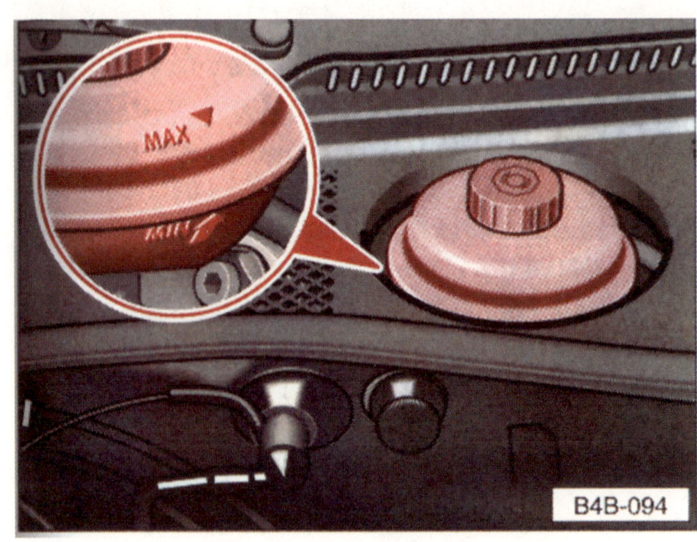

图8－9　制动液液面高度检查

7. 检查清洗液液面高度

检查清洗液液面是否在指定标记处。如需补加，需加标准的清洗液。如图8－10所示。

图8－10　检查清洗液液面高度

8. 检查蓄电池

检查蓄电池固定座螺栓；电解液液面及其浓度（非免维护蓄电池）；电眼颜色（免维护蓄电池）。如果指示器显示绿色则说明电量充足，显示黑色则说明需要补充电，如显示白色则说明电解液不足需更换蓄电池。

9. 其他检查事项

（1）检查汽车主要外露部位的螺栓、螺母是否紧固有效。

（2）检查油门踏板、离合器、制动装置的操作系统是否灵活可靠。

（3）检查照明灯光，指示信号、喇叭、刮水器等装置是否工作正常、齐全有效。

（4）检查汽车各部是否有漏油、漏水、漏电及漏气等现象。

（5）检查燃油量是否充足。

（6）在行车过程中注意发动机运转声音及其他异响；注意观察有无指示灯常亮；如有及时到修理厂检修，避免发生重大事故。

模块小结

汽车常用油料有汽油、柴油、发动机机油、齿轮油、润滑脂、自动变速箱油、动力转向传动液、减震器液压油、冷却液、制动液等，错误选用油料或选用劣质油料，会极大地影响汽车的动力性能、经济性能、排放性能、可靠性及耐用性。我国的汽油分为 90 号、93 号、97 号 3 种。辛烷值越高，抗爆性就越好。发动机机油的主要作用是润滑、清洁、密封、防锈、防止腐蚀、消除冲击载荷作用等。自动变速箱油的主要功用是：液力传动、压力传动、润滑、散热、清洁、缓冲、减速、变矩器锁止、密封等。自动变速箱的正常工作温度为 90℃～105℃。

汽车轮胎的作用：承受行驶中受到的冲击，并衰减由此产生的振动，使乘车舒适平稳。通常胎压越低，帘布层越少，缓冲性能就越好。轮胎要有良好的附着性，支持汽车的质量、承受路面的其他反作用力。普通汽车轮胎由外胎、内胎和垫带（胎垫）组成。外胎由胎面、帘布层、缓冲层和胎圈组成。车轮由轮毂、轮辋及轮辐组成。

进行车辆日常检查，应注意对汽车冷却液、润滑油油量、轮胎、助力液、制动液等的检查。

模块九　汽车公害与治理

参考学时

1学时

任务内容

1. 了解汽车公害的构成因素；
2. 了解汽车公害的控制与治理。

任务目标

1. 能表述汽车公害的组成；
2. 能表述排放公害的组成及生成机理；
3. 能简单表述汽车公害的控制与治理。

先由学员熟悉本任务的工作单，了解任务内容。在学习相关知识点后，利用工作单，在教师的指导下完成本任务，同时完成工作单相关内容的填写。

汽车公害与治理任务工作单

1. 地球气候异常这是不争的事实，各个国家都在推行节能减排，那么汽车给我们带来了哪些公害呢？试解释以下名词。

汽车公害：____

电磁波公害：____

____

2. 我们经常读书看报，对汽车污染并不陌生，那么汽车污染环境的因素主要包括哪些内容呢？

____

____

____

3. 现在大家出行越来越依赖飞机、汽车、火车这些交通工具，而它们对整个地球

环境也带来了很大的影响，那么想一想我们现在对汽车排放公害进行了怎样的控制与治理？

____

____

____

4. 住在乡村的人们可能对汽车的噪声比较陌生，城市里汽车的噪声对人的生活也有很大的影响，试简述汽车噪声公害的控制与治理。

____

____

____

5. 目前现代人用手机的人越来越普遍，可曾想过电磁波对人身体的伤害？试简述汽车电磁波公害的控制与治理。

____

____

____

任务一 了解汽车公害

汽车在使用过程中产生了损害人体、影响人类生活并产生环境污染的现象称为汽车公害。汽车污染环境的因素主要包括：汽车排放对大气的污染，即排放公害；汽车噪声对环境的污染，即噪声公害；汽车电气设备对电波的干扰，即电磁波公害；粉尘对大气的污染，即粉尘公害等。

在这三者中，排气污染对人们的生活环境影响最大，其次是噪声公害。除此之外，离合片、制动片、轮胎等的磨损物质，以及汽车行驶所造成的扬尘，也会对人们的生活环境造成影响。

1. 排放公害

（1）排放物组成及危害。目前汽车的动力源仍以内燃机为主，所以汽油、柴油的应用最为广泛。

汽车发动机排出的废气中，一部分对人体和生物没有害处，比如 N_2、CO_2、O_2、H_2 和水蒸气等；另一部分则为有害成分，包括 CO、HC、NO_x、SO_2、铅化合物碳烟和油雾等。

在有害成分中，未燃 HC 和 NO_x 在一定条件下，还会发生复杂化学反应，诱发新的有害物，称为二次有害排放物。如光化学烟雾，它是 HC 和 NO_x 在太阳光紫外线作用下产生的，其主要成分是臭氧、醛等烟雾状物质。

这些有害物主要是发动机的燃烧产物，此外还有发动机曲轴箱通风污染（主要是 HC），以及燃料箱和化油器逸出的汽油蒸气等。如下表所示为发动机在额定负荷下，排出有害成分的数量统计。

排气中有害产物的比含量

有害产物	g/（kW·h）			容积百分数	
	化油器式发动机	四冲程柴油机	二冲程柴油机	化油器式发动机	二冲程柴油机
一氧化碳（CO）	70～80	4.0～5.5	11	高达 6	低于 0.2
氧化氮（按 NO_2 算）	14	5～8	8	0.5	0.25
碳氢化合物（按 C_6H_{14} 算）	100～1000	14～29	5.0	0.05	低于 0.01
醛（按丙烯醛算）	3.4	0.14～0.2	0.34	0.03	0.002
硫化氢	0.28	0.95	1.0	0.008	0.03
苯嵌二萘	0.02*	0.0014～0.002*	0.0014*	—	—
炭烟	0.4	1.4～2.0	1.22	0.05	0.25

注：* mg/（（kW·h）计。

资料来源：汽车的公害及汽车与环境资源的关系，http：//www.doc88.com/p—28431596028.html

不管是一次有害排放物，还是二次排放物，通过人的呼吸系统进入人体后，将使人的神经系统、消化系统和呼吸系统受到损害。另外，CO_2 虽然对环境没有直接污染，但它造成的温室效应，将导致如全球气候变暖，极地冰层融化，海平面上升，土地盐碱化、沙漠化等现象。

汽车公害案例

1943 年，在美国加利福尼亚州的洛杉矶市，250 万辆汽车每天燃烧掉 1100 吨汽油。汽油燃烧后产生的碳氢化合物等在太阳紫外光线的照射下发生化学反应，形成浅蓝色烟雾，使该市大多数市民患了眼红、头疼病。后来人们称这种污染为光化学烟雾。1955 年和 1970 年洛杉矶又两度发生光化学烟雾事件，前者有 400 多人因五官中毒、呼吸衰竭而死亡，后者使全市 3/4 的人患病。环境专家认为，从世界范围看，空气污染的重要因素来源于汽车尾气。

（资料来源：高晗，赵春园．汽车文化［M］．北京：中国铁道出版社：2011：17－18）

（2）排放物的产生机理。一氧化碳（CO）产生机理分为三种情况。第一种情况是部分未燃碳氢化合物在排气过程产生不完全燃烧；第二种情况是气温低或滞留时间短

等使得燃烧不能完全进行；第三种情况是燃烧后产生的高温使 CO_2 分解成 CO 和 O_2。在实际中，因为燃烧情况比较复杂，以上情况并不单独发生。

碳氢化合物（HC）是既有未燃燃料，也有未完全燃烧的中间产物和部分被分解的产物的混合物。发动机无论在任何工况工作，排气中总含有一定量的 HC。另外，混合气过浓、过稀或雾化不良、点火过迟、点火能量不足、低温缸壁对火焰的激冷都是影响 HC 形成的重要因素。

氮氧化合物的形成机理是：在高温富氧情况下，N_2 和 O_2 发生复杂化学反应生成 NO_x 化合物。其中 NO_x 化合物主要成分是 NO，NO 不稳定，排入大气后生成 NO_2。

微粒（PM）是发动机排出的颗粒物质，柴油机比汽油机排出的微粒数量高 30～80 倍。其中碳烟是微粒的主要部分。碳烟是碳氢化合物燃料在高温缺氧的情况下燃烧的产物。

2. 噪声公害

噪声指人们不希望听到的声音。高于 70 分贝的噪声会使人心情不安、烦躁、疲倦、工作效率下降和语言通信困难等，从而严重影响人们的正常学习、工作、休息和生活。汽车噪声来源于发动机、传动系统、喇叭声、轮胎、电气设备以及车身干扰空气发出的各种声响，主要有如下几种。

（1）发动机噪声。

（2）行车中的路噪和胎噪。如路面不平、轮胎花纹间隙的空气流动和轮胎周围空气流动造成的噪声等。

（3）风噪。风噪是指汽车在行驶中迎面而来的风进入车内产生的噪声，车行驶得越快，风噪越大。

（4）车身、底盘系统产生的噪声。如汽车的传动系、行驶系机械部件产生的正常或异常的噪声。

（5）异常行驶导致的噪声。如紧急制动、车打滑等产生的噪声。

汽车的噪声一般都是声压级为 60～90 分贝的中强度噪声。其影响面广，时间长，危害很大。试验表明：声压级为 88 分贝时，驾驶员的注意力下降 10%；声压级为 90 分贝时，则驾驶员注意力下降 20%。因此汽车噪声不仅影响周围环境，还会使驾驶员工作效率下降，反应时间增长，导致公路交通事故增加。

治理城市交通噪声危害刻不容缓

“北京市交通要道的噪声水平，已经超过国家规定的环境噪声控制标准，亟待采取控制措施。”在 2011 年第 2 期《前沿科学》杂志上，中国环境科学研究院研究员杨新兴载文指出，目前北京市的城市交通噪声已经成为一个十分严重的环境问题。

2010年年底，北京市拥有的机动车辆已经接近500万辆。在交通繁忙的高峰时刻，大街上的噪声高达90分贝。在交通阻塞的交叉路口，急不可待的司机们频频触按高音喇叭，致使局部地区的交通噪声达到100分贝以上。北京市交通要道白天平均噪声水平为75.8分贝，超过国家标准5.8分贝；夜间平均噪声水平为73.8分贝，超过国家标准18.8分贝。

"城市交通噪声已经成为困扰千家万户的'狂响曲'，这是无可争议的事实。"杨新兴说，环境噪声不仅影响人们的工作、学习和生活，同时还会影响人们的身心健康。具体而言，环境噪声对人体的危害主要有四个方面：首先，环境噪声造成听力损伤。听力损伤，是环境噪声对人体健康造成的最直接，也是最普遍的伤害。环境噪声在80～85分贝造成轻微的听力损伤；80～90分贝造成少数人耳聋；90～100分贝造成一定数量的人耳聋；100分贝以上，造成相当数量的人耳聋。如果噪声达到150分贝以上，则听觉器官发生急性损伤，造成双耳完全失聪。其次，环境噪声影响睡眠。理想的入睡噪声水平，应在35分贝以下。但是，高水平的环境噪声，将会影响人们睡眠的质量和数量。40分贝连续噪声，使10%的人睡眠受到影响；70分贝使50%的人受到影响。40分贝突发噪声，使10%的人从睡梦中惊醒；60分贝使70%的人惊醒。再次，环境噪声干扰人们的正常谈话。环境噪声能够降低语言传递过程中的信噪比，甚至湮没正常的语言信号。通常人们在相距1米的情况下，交谈的声音水平大约是65分贝。当噪声声级水平与语言声级水平相当时，谈话受到严重干扰；当噪声声级水平高于语言声级水平10分贝时，谈话声就会被湮没。最后，环境噪声损害人们的身心健康。环境噪声对人体内各个器官的不良刺激，导致器官的生理机能改变，严重的噪声还会导致人体的病理反应，危害健康。

杨新兴认为，当前北京市的交通噪声污染研究和防护工作，还没有引起有关部门的重视。北京市交通噪声防护设施和措施还不是很完善，社会公众的噪声防护意识极为淡薄。

（资料来源：http：//news.cqnews.net/html/2011－07/20/content_7356791.htm，新闻频道——华龙网，2011年7月20日）

3. 电磁波公害

电磁波公害是指汽车上的电器设备产生的电磁波对汽车周围环境装置中的电视机、收音机、无线电装置和汽车内其他电器设备等造成的干扰。汽车电磁波不仅影响汽车周围环境，而且影响汽车自身的安全性和可靠性。

一般电磁波的来源有以下几种。

（1）电磁辐射，它是汽车电磁波干扰主要来源，它发生在电路或触点接通或断开的瞬间。

（2）电路网络，它的干扰主要来自汽车上的电器设备。

（3）静电放电，汽车上积聚的静电放电影响汽车上的电器设备的工作。

（4）车载通信设备，不仅干扰外部环境，同时干扰车上的电器设备的工作。

任务二　控制与治理汽车公害

汽车公害的控制和治理，是一项长期的过程。一直以来，各国对此进行了不断的探索，总结出了很多有益的经验和方法。

1. 排放公害的控制与治理

可通过以下一些举措，降低汽车排放公害。

（1）改善发动机的燃烧过程，使混合气燃烧较为完全；

（2）开发新能源，生产零排放汽车；

（3）采用汽车排放净化技术，如曲轴箱强制通风装置、废气再循环装置、燃油蒸发污染物排放控制装置、二次空气装置和三元催化转换器等。

（4）在使用中，保持发动机良好的技术状况。发动机的技术状况主要指发动机气缸的压缩压力、供油系统和点火系统的技术状况。

（5）提高驾驶技术，适当调整节气门开度，以经济速度行驶，避免急加速和急减速。

（6）保持发动机正常工作温度。

（7）避免发动机长时间怠速运转。

（8）严格执行汽车排放法规，加大机动车污染控制力度，开展路检执法和治理工作。

2. 噪声公害的控制与治理

如上所述，对汽车产生的噪声的控制，具体到技术原理层面，可分为机械原理噪声控制和声学原理噪声控制两种类型。前者包括改进机械设备结构、应用新材料来降噪，例如，在汽车生产中采用一些内摩擦较大、高阻尼合金、高强度塑料生产汽车零部件等；后者主要包括采用吸音、隔音、减振、密封等降噪措施。

另外，从政府宏观管理层面，为减少汽车噪声对环境的影响，需要进一步采取措施，制定相关政策和法规。如制定和执行更为限制行驶噪声的措施；通过改变道路的交通流量，改变区域交通形态来降低汽车噪声；在降低路噪方面，可以通过修建道路的形状、结构、铺装面材料的改善和提升，进一步降低汽车噪声；鼓励研究开发电动汽车、混合动力汽车。

3. 电磁波公害的控制与治理

对汽车产生的电磁波危害，主要可从以下具体几个方法进行控制。

（1）合理布线，减少电路网络干扰。

（2）在点火系使用高阻尼线，可以抑制电磁辐射的生成。

（3）并联电容，吸收能量，减轻电磁干扰。

（4）采用无触点点火系统。

(5) 利用电子控制，降低触点电流。

(6) 利用金属屏蔽，可有效防止和消除电磁波的辐射和传播。

模块小结

汽车在使用过程中产生了损害人体、影响人类生活并产生环境污染的现象称为汽车公害，主要包括：汽车排放对大气的污染，即排放公害；汽车噪声对环境的污染，即噪声公害；汽车电气设备对电波的干扰，即电磁波公害；粉尘对大气的污染，即粉尘公害等。

其中，汽车发动机排出的废气中，含有的成分包括：CO、HC、NO_x、SO_2、铅化合物碳烟和油雾等，对人体产生损害。汽车噪声来源于发动机、传动系统、喇叭声、轮胎以及车身干扰空气发出的各种声响。另外，噪声的强弱还与发动机的类型、技术状况、车速、发动机转速、载荷以及道路状况有关。电磁波公害是指汽车上的电器设备产生的电磁波对汽车周围环境装置中的电视机、收音机、无线电装置和汽车内其他电器设备等造成的干扰。

对汽车公害的控制与治理包括排放公害的控制与治理；噪声公害的控制与治理；电磁波公害的控制与治理。

模块十 汽车新技术

参考学时

4 学时

任务内容

1. 了解发动机新技术；
2. 了解变速器新技术；
3. 了解汽车行驶安全技术；
4. 了解新能源汽车。

任务目标

1. 能简单叙述汽车技术的发展趋势；
2. 能简单说明汽车的一些新技术。

先由学员熟悉本任务的工作单，了解任务内容。在学习相关知识点后，利用工作单，在教师的指导下完成本任务，同时完成工作单相关内容的填写。

汽车新技术任务工作单

1. 你在下面图片中能认出是哪个公司的哪款车吗？图中的 1.8T 又有哪些含义？

2. 为什么车辆中要安装涡轮增压系统？

____

____

3. 我们在前面的任务中已经学习了发动机的机构知识，利用我们的知识找出图中认识的零件和不认识的零件。

1
2
3
4

认识的零件：______________________

____

____

____

不认识的零件：______________________

____

____

____

涡轮是：______________________

____

____

____

4. 上图表示的是涡轮增压系统工作过程中两种气体的运动状态，红色和蓝色分别表示哪两种气体？这两种气体的运行路径是什么？

____

____

5. 虽然涡轮增压系统对提升发动机动力等方面有很大帮助，但也存在一些缺点，在使用安装了涡轮增压的汽车时有哪些注意事项呢？

____

____

6. 我们经常在汽车的后部看到一些缩写，简述 TSI、FSI 和 TFSI 这些缩写的含义。

____

____

7. 常听人们谈论汽车为何省油，原因是多方面的，可变气门技术发挥了一定的作用，你了解它吗？试简单介绍一下。

____

____

8. 解释缩写字母的含义。

EBD ______________________；ESP ______________________；

TCS ______________________；SRS ______________________。

9. 新能源汽车很多，按照分类写一下。

____

____

任务一　了解发动机新技术

汽车发展到现在已经一百多年的历史了，虽然发动机的基础理论没有发生根本变化，但是汽车的外形及局部技术一直在发展进步。电子技术在现代汽车的应用是无处不在的。节能环保是推动现代汽车技术变革的主要动力，因此现代汽车的新技术主要是以提高燃料的能量转化效率、减少汽车对环境的污染、提高汽车使用安全性等方面为目的的。

1. 发动机涡轮增压技术（Turbo）

（1）涡轮增压的含义。涡轮增压技术是一种提高发动机进气能力的方法。它通过采用专门的压气机，预先对进入气缸的气体进行压缩，提高进入气缸的气体密度，增大进气量，更好地满足燃料的燃烧需要，从而达到提高发动机功率的目的。采用此技术，可在不增加发动机排量的基础上，大幅度提高功率和扭矩。我国现有汽车如宝来1.8T、速腾1.8T、途安1.8T、帕萨特1.8T、奥迪A4.1.8T/2.0T、奥迪A62.0T等车型，都装有涡轮增压发动机。

（2）使用涡轮增压器的汽车应注意以下事项。

第一，不能着车立即就走，以防损坏增压器油封；第二，不能立即熄火，以防工作温度过热；第三，维修时保持清洁；第四，定期清洗润滑油管线；第五，经常注意检查增压器的运转情况。

（3）结构组成及驱动介质等。如图10－1所示。

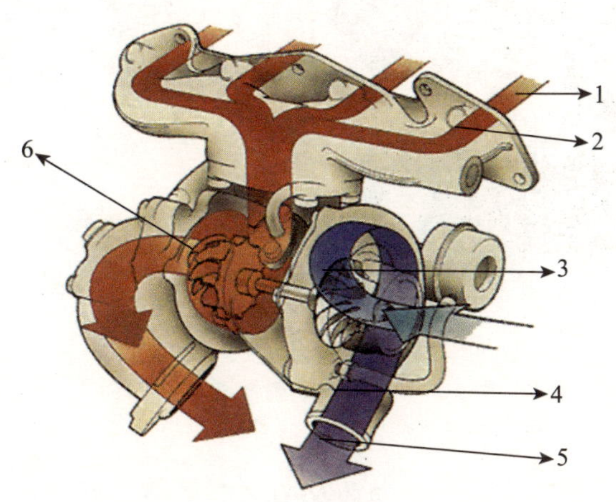

图10－1　涡轮增压

1—废气　2—排气歧管　3—泵轮　4—进气管　5—空气　6—涡轮

2. 汽油直喷技术（FSI）

（1）汽油直喷技术概述。FSI 发动机的英语全称为 Fuel Stratifield Injection，中文意指燃料分层燃烧技术，是燃油直喷技术的一种。如图 10－2 所示为气缸内直接喷射。如图 10－3（a）、图 10－3（b）所示分别为不同角度、不同机型直接喷射发动机的剖视图。

其核心环节是：发动机缸体上有两个相位调整范围达到 42°曲轴转角的进气凸轮轴，可以在进气道内形成更利于油气混合的进气涡流，而且，发动机的燃油喷嘴可以在每一个压缩行程中进行多达 3 次以上的燃油精细化喷射，从而进一步优化整个燃烧过程，达到最大限度的燃油稀薄化燃烧，有效地提高了燃油的利用程度和燃烧充分度，达到相当出色的燃油经济性和环保排放指标，且更能获得良好的冷启动性能和动力性。

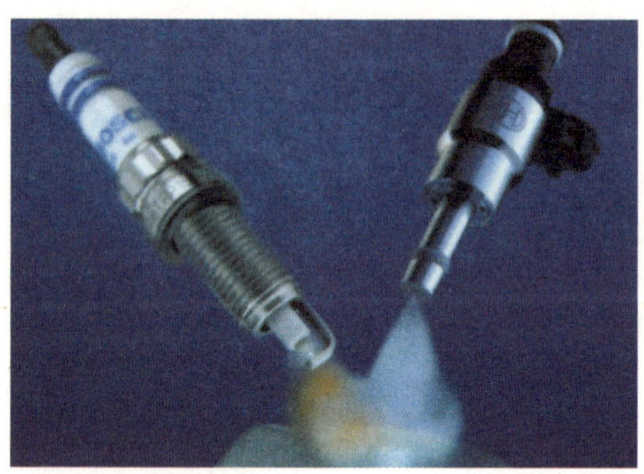

图 10－2　气缸内直接喷射

（a）

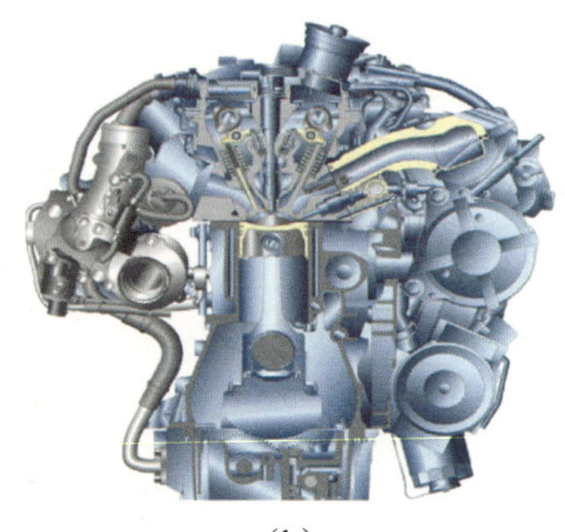

（b）

图 10－3　直接喷射发动机结构

毋庸置疑，燃油直喷技术代表着汽油发动机的最新发展方向（传统的发动机采用的是将汽油和空气在进气歧管中混合后再进入燃烧室，称之为进气歧管喷射方式，这种技术叫多点喷射技术）。

（2）TSI、FSI 和 TFSI 的区别。

FSI 发动机就是采用了发动机缸内燃油直喷技术的发动机。

TSI 发动机的英语全称为 Turbocharger and Fuel Stratified Injection，中文意思就是涡轮增压缸内燃油直喷技术。其核心环节是：把涡轮增压技术与缸内直喷技术有机结合，在缸内直喷的基础上进一步通过涡轮增压的介入，大幅提升发动机的动力性和节能性。TSI 发动机具有能够有效提升动力和进一步降低油耗的强大功能。

TFSI 发动机的英语全称为 Supercharge and Fuel Stratified Injection，中文意思就是机械增压缸内燃油直喷技术。其核心环节是：把机械增压技术与缸内直喷技术有机结合，在缸内直喷的基础上进一步通过机械增压的介入，有效提升发动机的动力性和节能性。

TSI 和 TFSI 的区别主要就在于涡轮增压与机械增压，这是两种不同的增压方式。机械增压技术的核心环节是：动力提升来自于发动机曲轴，而曲轴自身的运转要消耗发动机的部分能量，因此，机械增压的效率要低于涡轮增压。但是，机械增压也有自己的优点，那就是曲轴的转速与发动机转速是相对应的，发动机一启动就可以得到机械增压器的支持，从而实现发动机动力的线形输出，油门响应迅速，提速有力而且平顺，不存在滞后现象。

如图 10－4 所示为大众双增压技术原理。

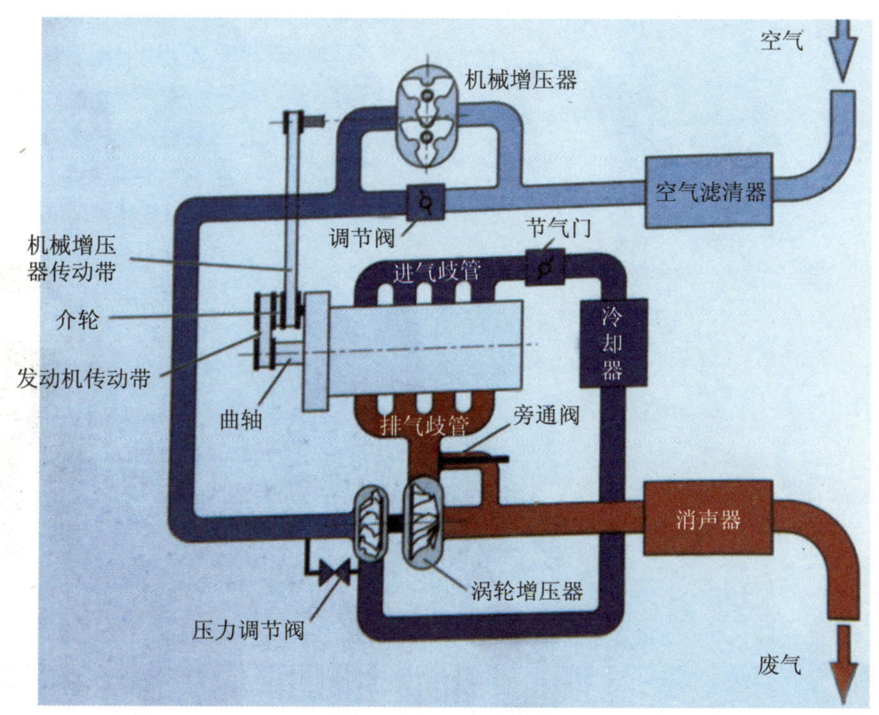

图 10－4　大众双增压技术原理（机械增压与涡轮增压共存）

3. 可变气门技术（VVT-i）

（1）可变气门技术概述。可变气门技术原理是通过改变发动机配气机构的配气相位或是气门的升程，改变发动机的进排气时刻或进排气量。运用该技术，可以提高发动机的进排气效率，改善发动机输出的动力性。

（2）可变气门系统工作过程。如图 10-5 所示，在工作过程中，排气凸轮轴由凸轮轴齿形带轮驱动，其相对于齿形带轮的转角不变。曲轴位置传感器测量曲轴转角，向 ECU 提供发动机转速信号；凸轮轴位置传感器测量齿形带轮转角；VVT 传感器测量进气凸轮轴相对于齿形带轮的转角。它们的信号输入 ECU，ECU 根据转速和负荷的要求控制进气凸轮轴正时控制阀，控制器根据指令使进气凸轮轴相对于齿形带旋转一个角度，达到进气门延迟开闭的目的，用以增大高速时的进气迟后角，从而提高充气效率。

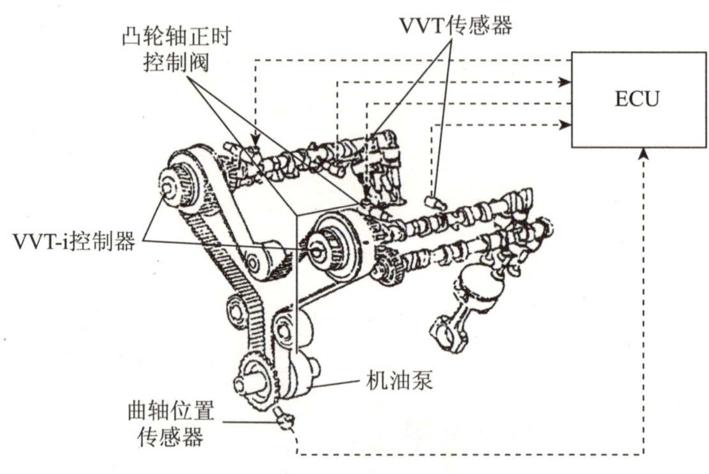

图 10-5　可变气门技术原理

4. 电子气门（Valvetronic）

图 10-6　电子气门

未来的汽车进气系统只留下气门，打开和关闭气门不再由凸轮轴控制，而是由电磁系统依靠曲轴的位置信号，单独控制每个气门。如图 10-6 所示为电子气门。

5. VDE 可变排量控制技术

VDE 的中文意思是可变排量发动机。我们常见的豪华汽车通常都采用 V6、V8、V10 甚至 V12 的多汽缸大排量发动机，但日常行驶中，大多数情况下并不需要大功率的输出，大排量多汽缸显得有点浪费，而且 CO_2 排放严重。VDE 发动机便有了其生存的空间，本田的 VCM、通用的 DOD、克莱斯勒的 MDS 都是相同的可变排量理念，只不过方式不同。

以本田 VCM 系统为例，根据发动机工况需要，这台 3.5L 发

动机，既可以作为 V6 发动机工作，也可以“变身”为直列 3 缸发动机或者 4 缸发动机工作。

任务二 了解变速器新技术

变速器是一辆车流畅前进的基础，变速器从手动到自动体现了驾驶者对舒适性要求的不断提高。而手自一体变速器同时满足了驾驶者对舒适和驾驶乐趣的渴望。目前手自一体变速器的特点是可以手动，也可以自动。主要形式有五种。

第一种以传统自动变速器的技术为基础，另外加装电子和液压控制装置。在手动模式时，如果你忘了加减挡，它会自动帮你做；如果你在车速很快时，强制挂入低挡；检测到车辆打滑时，会自动转到“恶劣天气模式”。如图 10－7 所示为手自一体变速器。

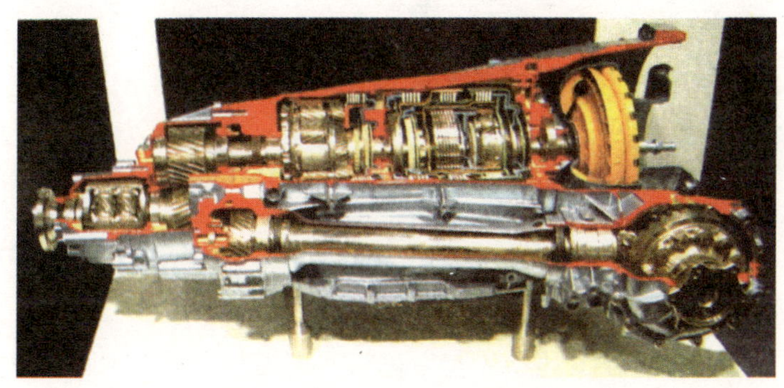

图 10－7 手自一体变速器

第二种是以手动变速器为基础，把离合器的自动控制及电子液压顺序换挡相结合的 AMT 变速器（电控机械式自动变速器），可节省燃料和减少排放。如图 10－8 所示。

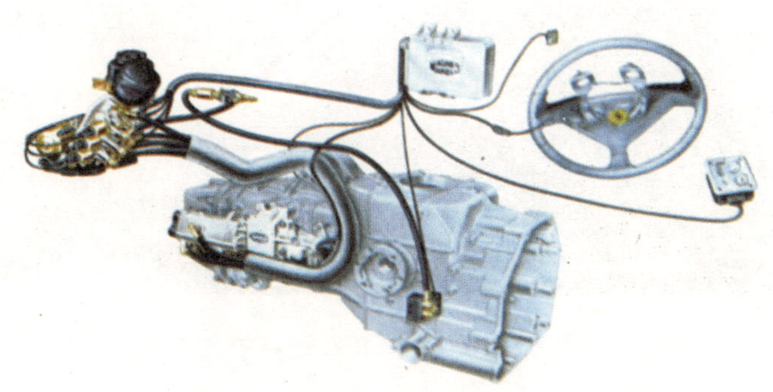

图 10－8 安装在法拉利跑车上的 AMT 变速器

第三种是 CVT（无级变速）变速器，人为地将无级变速划分出几个区域。如图 10－9

所示，它的内部没有齿轮，而是以两个可改变直径的传动轮和轮上的传动带来传递动力。与其他手自一体变速器不同，选用自动模式更省燃油。

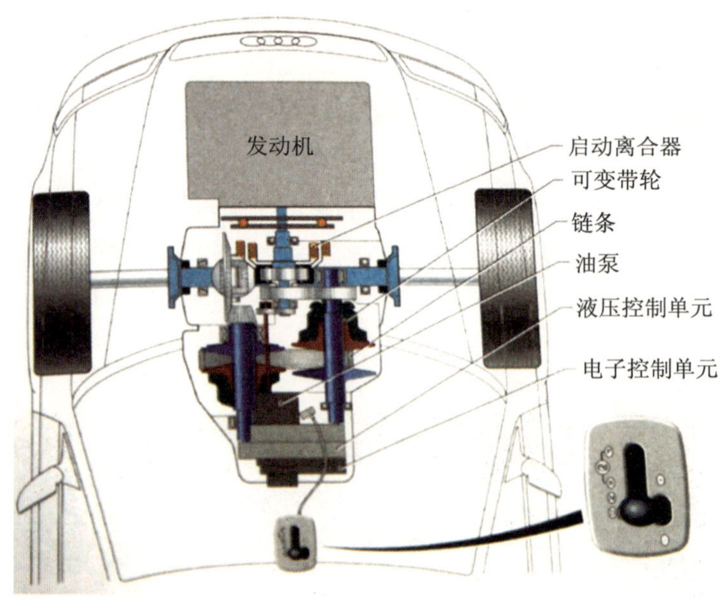

图 10－9　奥迪 CVT（无级变速）变速器工作特性

第四种是 DSG 双离合器变速器。它通过与变速器控制模块相联的电磁阀来调节控制双离合器的结合压力。它为那些酷爱手动变速器的驾驶者们提供了最佳选择，同时具有出色的加速性和最高时速，并且与传统自动变速器一样可以实现顺畅换挡而不影响牵引力。如图 10－10 所示为装有 DSG 的高尔夫。

图 10－10　装有 DSG 的高尔夫

第五种是由普通 H 形换挡方式的手动变速器和自动离合器相结合。

任务三　了解汽车行驶安全技术

汽车的安全性是衡量车辆好坏的主要指标。近些年来汽车安全技术不断推陈出新。ABS 已经普遍应用成为汽车出厂的标准配置。除了 ABS 还有很多电子控制技术正在逐步的应用到汽车的安全系统中。如 EBD、ESP、TCS、安全气囊 SRS 等。

1. 电子制动力分配系统（EBD）

EBD 是 ABS 的辅助系统。在紧急刹车的情况下，EBD 在 ABS 动作之前就已经平衡了每一个车轮的有效地面抓地力，使 4 只轮胎的制动装置根据不同情况采用不同的方式和力量制动，从而保证车辆的平稳。EBD 能够缩短刹车距离，使刹车时更加稳定。

2. 电子稳定程序（ESP）

ESP 可称得上是高级形式的主动安全设备，它不需要驾驶者进行操作，而是根据实际情况自己作出反应，自动完成任务。ESP 可以监控汽车行驶状态，根据车速，侧向加速度，转向角度等参数，自动向一个或多个车轮施加制动力，以保持车子在正常的、驾驶员希望的车道上运行。

ESP 对过度转向或不足转向特别敏感。例如，当路滑汽车转向太急时，发生甩尾，出现转向过度，四通道的 ESP 就让外侧车轮制动，产生一种相反的转矩，从而使汽车保持在原来的车道上。而当转向不足，四通道的 ESP 就让内侧制动，产生逆时针方向的转矩使汽车回到正确路线上。可以这样说，ESP 对过度转向和不足转向感觉的灵敏度超过了世界上最优秀的赛车运动员，所以，它对汽车稳定，避免失控有很好的作用。如图 10－11 所示，我们清晰看出 ESP 在行驶中的作用。

无ESP时行驶状态

有ESP时行驶状态

图 10－11　电子稳定程序

3. 牵引力控制系统（TCS）

TCS（牵引力控制系统）即 ASR，是在 ABS 基础上新发展起来的一种系统，统称

“防滑控制系统”，两者的共性是“防滑”，ABS控制4个轮，TCS只控制驱动轮。当汽车加速时，TCS将滑动控制在一定的范围内，从而防止驱动轮快速滑动。它的功能一是提高牵引力，二是保持汽车的行驶稳定性。

4. 安全气囊（SRS）

自1993年以来，双安全气囊已经作为标准配置，但被动安全系统的安全气囊很可能伤害到乘员。目前在坐椅和车身内部的新增加的传感器提升了乘员的安全。这些传感器连续将乘坐位置、重量改变等情况的数据传入电脑。电脑通过这些数据计算出气囊与乘坐者的距离和角度，车辆安全系统以此为依据决定气囊的爆发、不爆发或减少力度的适当爆发。如图10-12所示为已展开的安全气囊。

图10-12 安全气囊展开

在欧洲和日本正在研究增加行人的安全。如图10-13所示为主动行人保护系统，通过弹起的发动机盖来减轻对行人的伤害。

图10-13 主动行人保护系统

5. 防抱死制动系统（ABS）

汽车防抱死制动系统（Anti-lock Brake System），简称 ABS。它是汽车上的一种制动安全装置，其作用是汽车制动时，防止车轮抱死在路面上滑拖以提高汽车制动过程中的方向稳定性、转向控制能力和缩短制动距离，使汽车制动更为安全有效。一般 ABS 都是由传感器、电子控制器和执行器三大部分组成，如图 10－14 所示。如图 10－15 所示为 ABS 在汽车制动过程中的作用示意。

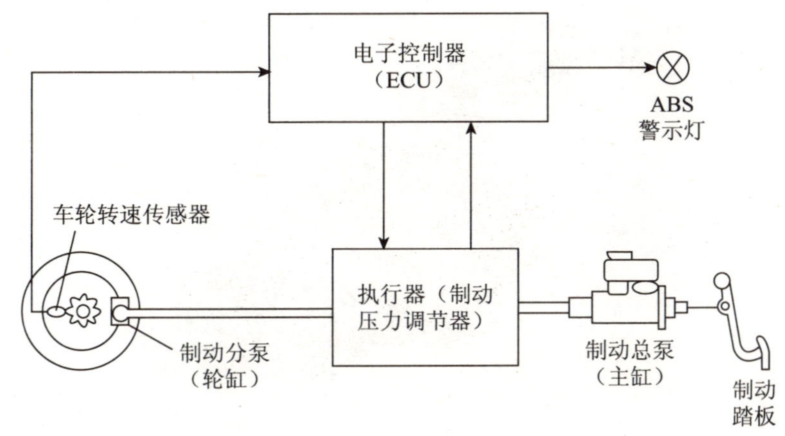

图 10－14　汽车防抱死制动系统组成

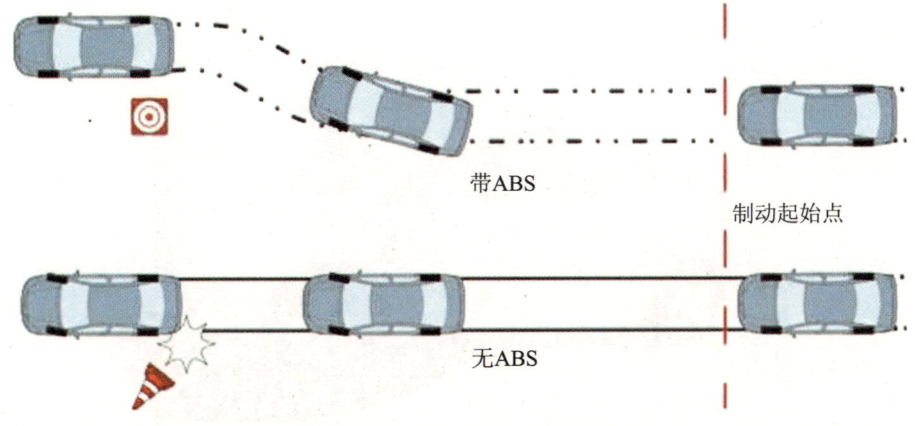

图 10－15　ABS 在制动过程中的作用

任务四　了解新能源汽车

新能源汽车是除汽油、柴油发动机之外所有其他能源汽车的总称。它包括灵活燃料汽车、纯电动汽车（BEV）、混合动力汽车（HEV）、生物燃料混合动力汽车、燃料电池电动汽车（FCEV）、燃气汽车、太阳能汽车、氢燃料汽车、其他新能源（如高效储能器、二甲醚）汽车等各类别产品。

1. 灵活燃料汽车

灵活燃料汽车 FFV（Flexible Fuel Vehicle），即在同一辆车上既可以选择汽油、汽油醇（混有 22%酒精的汽油）也可以选择纯酒精或压缩天然气（CNG）作为燃料。如图 10－16 所示为混合燃料技术。如图 10－17 所示为本田灵活燃料技术汽车。

图 10－16　灵活燃料技术

图 10－17　本田灵活燃料汽车

2. 电动汽车

电动汽车是指以电能为动力的汽车，一般采用高效率充电电池，或燃料电池为动力源。电动汽车由电动机代替了内燃机。由于电能是二次能源，可以来源于风能、水能、热能、太阳能等多种方式。电动汽车是新能源汽车的重要分支，也是发展前景比较光明的一种新能源车。如图 10－18 所示为比亚迪电动汽车。

图 10－18　比亚迪电动汽车

3. 混合动力电动汽车

混合动力电动汽车（Electric Vehicle HEV）是介于内燃机汽车与电动汽车之间的一种车型，它使用两种以上动力源，能按照不同的道路交通条件，进行动力源组合或转换。

如图 10－19 所示为混合动力汽车结构。在最新的 FSI 汽油直喷发动机上使用混合动力，使燃油经济性、动力性、排放得到进一步的提升。

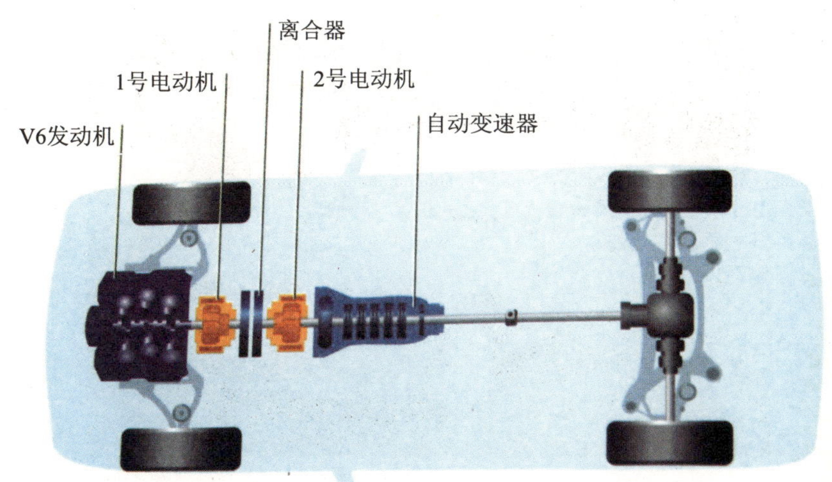

图 10－19　混合动力汽车结构

4. 生物燃料混合动力汽车

福特翼虎 E85 混合动力 SUV 是第一款采用了乙醇汽油的混合动力车。它的优点：一是减少了汽油消耗；二是减少了温室效应。如图 10－20 所示为萨博开发的生物燃料混合动力汽车。

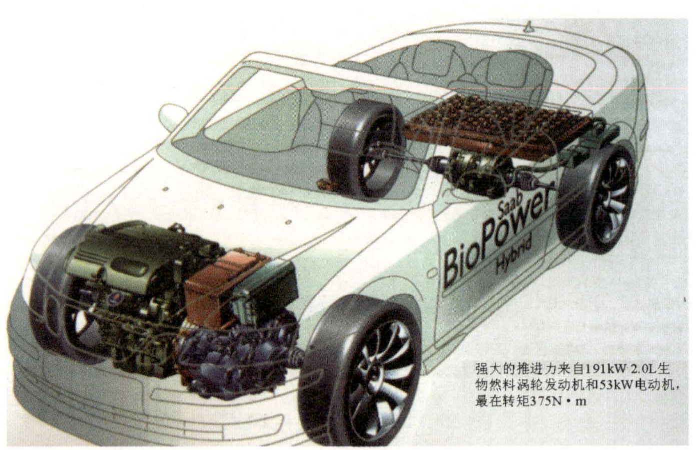

图 10－20　生物燃料混合动力汽车

5. 燃料电池电动汽车

燃料电池电动汽车（FCEV），目前研究较多的是利用氢和氧在燃料电池中的反应发电作为动力，产生电能的过程没有任何污染物。另外原料丰富，能节约矿产资源，减少二氧化碳的排放。如图 10－21 所示为楚天一号燃料电池电动汽车。

图 10－21　楚天一号燃料电池电动汽车

6. 燃气汽车

以燃气为燃料的汽车称为燃气汽车。目前常见的有两种：压缩天然气汽车（CNGV）和液化石油气汽车（LPGV）。它们分别以压缩天然气和液化石油气为燃料。如图 10－22 所示。

图 10-22　天然气汽车

7. 太阳能汽车

太阳能汽车是将太阳能转化为电能的汽车。优点原料丰富，无污染；缺点依靠天气，能量转化率低，汽车制造成本较高。如图 10-23 所示。

图 10-23　太阳能汽车

8. 氢燃料汽车

早在 20 世纪 70 年代，宝马就开始了氢燃料的研究。第一代氢动力车是宝马在 1979 年推出的 520 汽车，装配有可使用氢气和汽油的双燃料发动机，从此拉开了宝马的液氢动力车的序幕。2004 年的巴黎车展，宝马展出了打破 9 项纪录的氢动力赛车 H_2R。2 年后，宝马 Hydrogen 7 诞生，一共生产了 100 辆，正式交付特定用户使用，氢动力汽车进入了准商业运作。

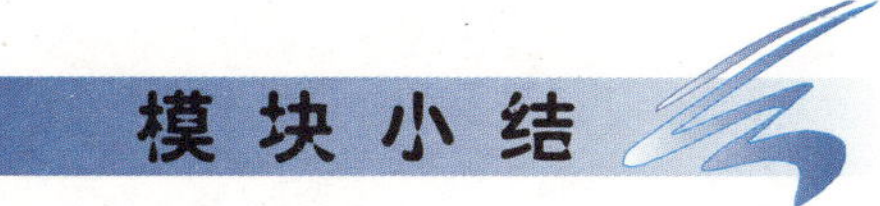

汽车发展到现在已经一百多年的历史了，虽然发动机的基础理论没有发生根本变

化，但是汽车的外形及局部技术一直在发展进步。电子技术以及节能环保是推动现代汽车技术变革的主要动力，因此现代汽车的新技术主要是在提高燃料的能量转化效率、减少汽车对环境的污染、提高汽车使用安全性等方面进行创新的。

发动机的新技术包括发动机涡轮增压技术汽油直喷技术、FSI 直喷技术、可变气门技术（VVV-i）、电子气门、VDE 可变排量控制技术。

变速器是一辆车流畅前进的基础，变速器从手动到自动体现了驾驶者对舒适性要求的不断提高。而手自一体变速器同时满足了驾驶者对舒适和驾驶乐趣的渴望。目前手自一体变速器的特点是可以手动，也可以自动。变速器的主要形式有五种。

汽车的安全性是衡量车辆好坏的主要指标。近些年来汽车安全技术不断推陈出新。ABS 已经普遍应用成为汽车出厂的标准配置。另外还有很多电子控制技术正在逐步的应用到汽车的安全系统中，如 EBD、ESP、TCS、安全气囊 SRS 等。

新能源汽车包括灵活燃料汽车、纯电动汽车（BEV）、混合动力汽车（HEV）、生物燃料混合动力汽车、燃料电池电动汽车（FCEV）、燃气汽车、太阳能汽车、氢燃料汽车、其他新能源（如高效储能器、二甲醚）汽车等各类别产品。

模块十一　汽车文化

参考学时

2 学时

任务内容

1. 了解主要的汽车赛事；
2. 了解世界五大汽车展览概况；
3. 了解世界汽车界名人。

任务目标

1. 能简述世界著名汽车比赛；
2. 能简述汽车比赛规则；
3. 熟悉五大车展的特点；
4. 能列数世界汽车名人。

任务实施

先由学员熟悉本任务的工作单，了解任务内容。在学习相关知识点后，利用工作单，在教师的指导下完成本任务，同时完成工作单相关内容的填写。

汽车文化任务工作单

1. 分析以下几幅图片中的汽车有哪些不同点？属于哪项汽车比赛？

____

____

2. F1是世界最著名的汽车比赛之一，你知道有多少支车队吗？你最喜欢哪支车队？

3. 汽车比赛可以展示汽车的速度和激情，而汽车展览可以更全面地展示汽车的大众参与特性，请写出你知道的车展名称和简单特点。

4. 在车展中，各个汽车制造商都调兵遣将全面地展示公司的技术和服务，吸引消费者的眼球，在这其中有很多公司的创始人都是以自己的名字命名公司的，你都知道哪些公司是这样做的呢？

任务一　了解汽车赛事

汽车从诞生的那一天起就和速度、激情、竞争画上了等号。喜欢汽车的人大都喜欢观看汽车比赛，目前国际上正规车赛主要分方程式汽车赛（Formula）、耐久赛（Grand Touring Car）、拉力赛（Rally）、越野赛（Rallycross）等几种主要形式。国内比较熟悉的汽车比赛有世界一级方程式锦标赛F1、世界拉力锦标赛、世界房车锦标赛、达喀尔拉力赛、勒芒24小时耐力赛、DTM房车赛、A1大奖赛、卡丁车赛等。

1. 世界一级方程式锦标赛

世界一级方程式锦标赛（Formula One），简称为F1，是由国际汽车联盟（FIA）举办的最高等级的年度系列场地赛车比赛，全名是“一级方程式锦标赛”，是当今世界最高水平的赛车比赛，与奥运会、世界杯足球赛并称为“世界三大赛”。

2010年的世界一级方程式锦标赛共有12支队伍参赛。目前共有19站大奖赛。图11-1所示为世界一级方程式锦标赛现场。2010年开幕战巴林站，法拉利车手阿隆索夺冠，如图11-2所示。红牛车队维特尔获得2010赛季总冠军，是目前F1历史上最年轻的世界冠军，如图11-3所示。

图 11-1　世界一级方程式锦标赛现场

图 11-2　2010 年开幕战巴林站法拉利车队阿隆索夺冠

图 11-3　红牛车队维特尔获得 2010 赛季总冠军

在 F1 比赛的历史上有许多大家熟悉并喜爱的选手，迈克尔·舒马赫就是其中之一。关于他的故事很多。例如，在 1994 年舒马赫用仅剩的 5 挡跑完 2/3 比赛，夺得亚军。

1994 年的西班牙站，杆位发车的舒马赫一路领跑，并逐渐扩大领先优势。没过多久他的变速箱出现故障卡在 5 挡，速度大受影响，第一次进站后便被希尔和哈基宁超越。随后舒马赫不断尝试新的走线，利用离合让动力输出保持稳定，并逐渐找到了一条适合当时车况的线路。只能使用第 5 挡的贝纳通赛车后来一度夺回领先位置，不仅如此，他还用 5 挡完成了两次进站，时间上没有丝毫耽搁。同样遭遇变速箱故障的布伦德尔和巴里切罗只能选择退赛。但舒马赫最终还是被驾驶威廉姆斯赛车的希尔超越。

迈凯轮车队的哈基宁引擎故障使舒马赫最终守住第二的位置。如图 11－4 所示左起分别为迈克尔·舒马赫、达蒙·希尔和马克·巴伦德尔。整场比赛舒马赫仅落后希尔 23 秒。舒马赫的控车能力和适应能力第一次得到完美体现。得到冠军的希尔得知这一切后，立即失去了胜利者的喜悦，威廉姆斯车队经理也无奈地表示他们的技师都可以回家了。

图 11－4　舒马赫获得 1994 年西班牙站亚军

2. 世界拉力锦标赛

WRC 世界越野锦标赛可以说是所有赛车种类中最严苛，也最接近真实世界的赛车，因为所有参赛车辆都是以市售量产车为基础研发改装而成，赛道都是由各主办国提供国内的公路所组成——芬兰的冰天雪地、阿根廷的恶劣山路、西班牙的高速道路、新西兰的草原、非洲肯尼亚的原野，并在雨林泥泞、雪地、沙漠及蜿蜒山路等全球各地最具代表性险恶赛段的道路中进行，全都是真实世界的道路，几乎可以说是“只要有路的地方，WRC 就能比赛”。如图 11－5 所示为世界拉力锦标赛现场。如图 11－6 所示为 2010 年的冠军车队。

(a)

（b）

图 11－5　世界拉力锦标赛现场

图 11－6　2010 年世界拉力锦标赛（WRC）雪铁龙车队车手勒布获年度车手总冠军

3. 世界房车锦标赛

世界房车锦标赛（World Touring Car Championship，WTCC）是国际汽车联盟（FIA）旗下与 F1 和世界拉力锦标赛齐名的国际赛车顶级赛事，是 FIA 国际汽联于 2005 年新推出的一项全球性汽车赛事，它的前身即为欧洲房车锦标赛。WTCC 将延续 ETCC 的车辆规则，每站比赛分两回合（每回合 8 圈）进行，并颁发冠军车手和亚军车手两个奖项。

2005 年度 WTCC 赛程安排暂定为 10 站比赛，除了延续 ETCC 原有的欧洲分站以外，增加了中美洲的墨西哥、欧亚交界的土耳其以及亚洲中国澳门三站比赛，其中，澳门被指定为全年的收官之战。如图 11－7 所示为 2010 年冠军车队雪佛兰。

作为涵盖方程式和拉力赛的汽车赛事，F1 旨在专为比赛制造赛车，世界房车锦标赛更关注挑战极限大自然。它是以在售的量产房车为基础的比赛，在赛道上飞驰而过的炫酷赛车，就是我们日常驾驶熟悉的身影，比赛也藉此变得愈加亲民、写实，愈加贴近生活和车迷。

图 11－7　雪佛兰车队获得 2010 年世界房车锦标赛总冠军奖杯

4. 达喀尔拉力赛

2010 年达喀尔拉力赛，巴黎—达喀尔拉力赛（The Paris Dakar Rally），简称达喀尔拉力赛，是一个每年都会举行的专业越野拉力赛。比赛对车手是否为职业选手并无限制，80%左右的参赛者都为业余选手。

虽然名称为拉力赛，但事实上这是一个远离公路的耐力赛。比赛中需要经过的地形比普通拉力赛要复杂且艰难得多，而且参赛车辆都为真正的越野车，而非普通拉力赛中的改装轿车。拉力赛的大部分赛段都是远离公路的，需要穿过沙丘、泥浆、草丛、岩石和沙漠。车辆每天行进的路程从由几公里到几百公里不等。如图 11－8、图 11－9 所示为达喀尔拉力赛现场。

图 11－8　达喀尔拉力赛现场

图 11－9　达喀尔拉力赛现场（沙漠区）

该比赛为多车种的比赛，共分为摩托车组、小型汽车组（包括轿车和越野车）以及卡车组，赛车的号码依次以 1，2，3 开头。如 105 表示摩托车组的第 5 号赛车，208 表示小型车组的第 8 号，312 则表示卡车组的第 12 辆赛车。而工作车则以 4 为开头数字。

比赛路段分布在宽阔甚至漫无边际的撒哈拉沙漠、毛里塔尼亚沙漠以及热带草原，与 WRC 相比，基本上没有现成的道路。车手和领航员除了依靠组委会的路线图以外，还要借助指南针直至今天的 GPS 全球定位系统，才能到达和通过每一个集结点。

由于维修队不像 WRC 那样可以通过一般的公路提前到达指定的区域等待赛车前来检修和补给，因此，每个车队都会包租专机携带所有的配件、给养和维修技师，在赛车到达之前飞抵指定区域（多为简易机场）。几十架分别画满了各自车队 LOGO 的飞机停在一起，其场景蔚为壮观。当贴满同样 LOGO 的赛车来到维修区，便会集中到机翼下进行维修和补给。这时候，又如同小鸟在大鸟的羽翼下休息一样，特别有趣。所以除了比赛极具观赏性以外，巴黎——达喀尔拉力赛的维修区也是非常值得一看的。

相关链接

中国车手战达喀尔　老卢五亮相　周勇徐浪最佳

2010 年 1 月 1 日至 1 月 16 日，一年一度的达喀尔拉力赛将在阿根廷和智利境内举行，中国车手卢宁军和周勇等将前往参加比赛。回顾中国车手在历年达喀尔拉力赛上的表现，老将卢宁军一共 5 次参赛，而周勇和徐浪都保持着中国车手的最好成绩——

19名。

早在1992年和1994年的巴黎至北京越野赛中，中国均派出车手参赛。但由于经验不足，首次参赛两部赛车均未能完成比赛。2003年的达喀尔拉力赛，征服死亡之旅的征途上终于看到了中国车手的身影，不过北京人罗丁和刘大地也未能完成比赛。

2004年的达喀尔拉力赛，参赛的两名中国车手均顺利完成比赛，驾驶304号赛车的三菱车队车手罗丁以105小时19分27秒的成绩名列第46，驾驶303号赛车的帕拉丁车队车手卢宁军以113小时24分59秒的成绩名列第57。两名中国选手全部完成比赛，同时也改写了中国赛车历史纪录，而卢宁军更是驾驶国产帕拉丁赛车完成全部比赛，也为中国的民族汽车产业争光添彩。

有了前人探路，最近几届参加达喀尔拉力赛的中国车手越来越多，而且成绩也越来越好。2005年，共有4位中国车手参赛，帕拉丁车队的卢宁军、徐浪、周勇，同时参赛的还有三菱车队的门光远。由于有了经验和充足的准备，帕拉丁车队的车手全部完赛，其中周勇夺得第19名，创造中国车手在本项赛事中最好的名次，徐浪排在第44位，而老将卢宁军名列第56名，门光远在比赛中途因事故而退出。

2006年是中国车队和车手参赛最多的一届，共有6名车手参赛。不过有3支车队的车手先后退出，徐浪以第19名完成比赛，迄今为止周勇和徐浪都保持着中国车手参加本项赛事的最好成绩。周勇排名第43位，而老将卢宁军退出了比赛。

2007年，中国车手卢宁军和刘斌报名参赛，刘斌最终排名第47名，卢宁军排名第101名。2008年，中国车手徐浪、华庆先、周勇、刘斌携手出征，可惜最终因为受到恐怖分子威胁，当年比赛被迫取消。

2009年达喀尔拉力赛移师南美，中国共有4位车手参加比赛，除了老将卢宁军和摩托车手陈建国和魏广辉外，还有一位来自陕西的车手李智恒，他是以独立车手身份参赛。最终统一润滑油车队的中国老将卢宁军驾驶巴吉赛车名列第64位，摩托车手陈建国和魏广辉先后中途退出，李智恒则因缺少国际汽联比赛执照而未能参赛。

（资料来源：http：//news. ynet. com/view. jsp? oid=61999072，网易体育，作者：大胡子，2009/12/30 08：46）

5. 勒芒24小时耐力赛

勒芒（Le Mans）位于法国巴黎西南约200km处，是一个人口约20万的商业城市。这个小城市能够闻名于世界，主要是因为自1923年开始（1936年、1940—1948年除外），每年6月举行的被称为最辛苦、最乏味的单项赛事——“勒芒24小时耐力赛”。赛道是将当地的高速公路和街区公路封闭成一个环形路线，单圈长13.5千米。比赛一般从第一天的16：00开始，一直持续到次日的16：00，历时24小时。参加世界汽车耐力锦标赛（World Endurance Championship）的车型主要是运动原型车。此种车可乘2人，轮番驾驶。如图11－10所示为勒芒24小时耐力赛。

图 11－10　勒芒 24 小时耐力赛

6. DTM 房车赛

DTM 房车赛，原名为 DPM（German Production-Championship）。首届 DPM 比赛于 1984 年 3 月 11 日在比利时的 ZOLDER 赛车场举行，至今已有 20 多年的历史。DPM 一问世，就一直是全世界最成功、最受欢迎的房车赛事，无论是比赛竞争的激烈程度，还是参赛车辆的性能表现与科技水平，乃至参加比赛的开销，都称得上是房车赛的最高境界。DTM 房车赛是当今世界最著名的房车赛之一，在房车比赛类型中属于最高级别，曾被誉为“装上房车外壳的 F1”。

7. A1 大奖赛

A1 大奖赛（A1 Grand Prix）是首次以国家为参赛单位的赛车运动。车队和车手密切配合才能发挥整体的优势。它是赛车运动的世界杯，它是车手对车手、国家对国家之间的较量。A1 大奖赛还为国家、国际品牌以及国际组织创造了一个在全球范围内展示自己形象的新媒介，借助“赛车世界杯”，赞助商可以随着自己的国家一同跻身这项独一无二的运动中。A1 不仅带给车迷以传统赛车运动的乐趣，同时还能激起车迷的爱国热情。

8. 卡丁车赛

卡丁车赛（Karting）是汽车场地比赛项目的一种。卡丁车是世界方程式赛车的最初级形式，始于 1940 年。分方程式卡丁车，国际 A、B、C、E 级和普及级六类，共 12 个级别。卡丁车使用轻钢管结构，操纵简单，无车体外壳，装配 100CC、125CC 或 250CC 汽油发动机的 4 轮单座位微型赛车，重心低，在曲折的环形路线上行驶，比赛速度感强。由于许多著名的一级方程式赛手都是从卡丁车起步的，因此卡丁车被视为 F1 的摇篮。如图 11－11 所示为 2010 年中国卡丁车锦标赛。如图 11－12 所示为颁奖现场情景。

图 11－11　2010 年中国卡丁车锦标赛（CKC）

图 11－12　国家体育总局汽摩运动管理中心汽车二部领导为 NCJ－B 组三甲冠军、亚军和季军颁奖

相关链接

“最具潜质车手”周冠宇：12 岁家有冠军初长成

在山东潍坊有一个冠宇汽车公园，在冠宇汽车公园内，有一条卡丁赛道，被几间 4S 店众星捧月般围着。赛道于 2008 年建成使用，这恐怕是中国建设的速度最快的赛道，原址是汽车公园内的绿化带……

关于这条赛道的由来，还要从一个叫周冠宇的小朋友说起。2008 年，9 岁的上海

曲阳卡丁车俱乐部的小会员周冠宇开始参加全国卡丁车锦标赛（CKC）的8～12岁组别的比赛，即NCJ－A组。而他的父亲，冠宇汽车公园的建立者，为了给他提供一个专属练车道，铲平了绿化带，造了一条卡丁车道。赛道建成的第一场比赛，是在2008年4月，潍坊风筝节期间。

周冠宇，何许人也？他是一个11岁的热爱赛车的小孩，他的偶像是阿隆索，只因为“他快”。他是2009全国卡丁车锦标赛NCJ－A组年度冠军，2010年全国卡丁车锦标赛NCJ－B组年度冠军，首届中国赛车金香槟奖——新人奖得主。

从2008年算起，他已经参加了三年全国卡丁车锦标赛了，随着比赛经验的增长，他的脚步也开始踏出国门。2010年，他在英国度过了一个充实的暑假，跟着英国车队训练并参加了几场当地赛事，此外，还去日本跑了比赛。他说，英国的经历，令他难忘。因为，他第一次感受到“很累很累”，他第一次和30个人一起比赛，而且，有一次在搬卡丁车时，他还扭了腰，不得不忍痛跑比赛……

周冠宇个人介绍：

8岁开始接触卡丁车，2008年开始参加全国卡丁车锦标赛，首年参赛便获得NCJ－A组年度季军，2009年获得全国卡丁车锦标赛NCJ－A组年度冠军，2010年晋级NCJ－B组，即使在与比自己年纪大的对手抗衡时也毫不畏惧，并最终取得年度冠军。

出生日期：1999年5月30日

血型：O型

参赛组别：NCJ－B组

兴趣爱好：卡丁车、游泳

参赛经历：

2008上海卡丁车大赛年度冠军；全国卡丁车锦标赛NCJ－A组年度季军；

2009上海卡丁车大赛年度冠军；全国卡丁车锦标赛NCJ－A组年度冠军；参加亚洲卡丁车锦标赛澳门站Mini－ROK组；

2010全国卡丁车锦标赛NCJ－B组年度冠军。

（资料来源：http：//sports. sina. com. cn/f1/2011—02—22/18525461299. shtml，2011年02月22日18：52新浪体育）

任务二　了解主要的汽车展览

汽车展览是个大汽车厂商展示最新产品，展示汽车设计理念的场所，同时也是全世界汽车爱好者交流汽车文化的盛会。公认的世界五大车展分别是北美车展、巴黎车展、日内瓦车展、法兰克福车展和东京车展。

1. 北美车展

一年一度的北美国际汽车展的前身是原美国底特律国际汽车展览会，至今已经有近百年的历史，是美国创办历史最长的车展之一。由底特律汽车经销商协会主办。

1900 年 11 月，纽约美国汽车俱乐部召开了第一届世界汽车博览会，1907 年转迁到底特律汽车城，当时会场设在贝乐斯啤酒花园，小小的展示区中参加的厂商只有 17 家，车辆不过 33 辆。1957 年，欧洲车厂终于远渡重洋而来，首次出现了沃尔沃、奔驰、保时捷的身影，获得了美国民众的高度重视。从 1965 年起，展览移师 Cobo 会议展览中心。1989 年年底特律车展更名为北美国际汽车展，每年 1 月举行。由于车展在每年年初举行，所以被誉为全球汽车风向标。如图 11－13 所示为 2006 年北美车展。

图 11－13　2006 年北美车展狂野系列之二：悍马涉水①

2. 巴黎车展

作为浪漫之都的巴黎，它的车展如同时装，总能给人争奇斗艳的感觉。该车展起源于 1898 年的国际汽车沙龙会，1976 年以前每年一届，此后每两年一届。在每年的 9 月底至 10 月初举行。1998 年 10 月，巴黎车展恰逢一百周年，欧洲车迷期待很久的巴黎“百年世纪车展”以“世纪名车大游行”方式，让展车行驶在大街上供人观赏。

法国的汽车设计一向以新颖独特著称于世，富于浪漫和充满想象力的法国人，总是在追求最别具一格的车型、风一般的速度和最舒适的车内享受，这些法国人的嗜好，都在巴黎车展中显露无遗，使得巴黎车展始终围绕着“新”字做文章。与此同时，巴黎车展也是概念车云集的海洋，各款新奇古怪的概念车常常使观众眼前一亮。

第一届巴黎车展共有 14 万人参加。而 2002 年法国巴黎国际车展持续 16 天，迎来了世界 5000 多名记者和 125 万观众。据统计，巴黎车展直接收入约 85 亿法郎，实现交易额 1500 亿法郎。如图 11－14 所示为 2010 年巴黎国际汽车展。

---

①http：//news. cnfol. com/060112/1011589164317100. shtml，作者：林溪.

图 11－14　2010 年巴黎国际汽车展落幕①

3. 日内瓦国际汽车展

日内瓦车展素有“国际汽车潮流风向标”之称，是欧洲唯一每年举办一次的车展，该车展在日内瓦机场附近的巴莱斯堡国际展览中心举行，总面积达 7 万平方米。

日内瓦车展创始于 1924 年。其展会多在每年的 3 月举行，以展示豪华车及高性能改装车为主，展品比较个性化。从日内瓦车展大厅望去，所有展位都尽在眼底，这是因为瑞士的展览规则详尽细致，不允许有过大的公司标牌和展位阻挡视线。

在五大车展中，瑞士是唯一一个没有汽车工业的国家，但却承办着世界上最知名的车展之一，它每年总能吸引着 30 个国家 900 多辆汽车参展，是世界上举足轻重的车展之一。如图 11－15 所示为 2011 第 81 届日内瓦车展。

图 11－15　2011 第 81 届日内瓦车展②

①http：//news. ifeng. com/society/news/detail _ 2010 _ 10/18/2816336 _ 0. shtml，来源：新华网，2010 年 10 月 18 日 12：39.

②http：//new. carschina. com/daogou/20110307213081 _ 2. html，来源：汽车中国，作者：朗朗，2011 年 3 月 7 日.

4. 法兰克福车展

德国是世界最早办国际车展的地方。法兰克福车展前身为柏林车展，创办于 1897 年，1951 年移到法兰克福举办。法兰克福车展是世界规模最大的车展，有“汽车奥运会”之称。

每两年举办一次的法兰克福国际车展一般安排在 9 月中旬开展，为期两周左右。参展的商家主要来自欧洲、美国和日本，尤其以欧洲汽车商居多。法兰克福地处德国，唱主角的自然是德国企业，这似乎与底特律车展、东京车展的地域性同出一辙。德国是现代汽车的发祥地，是奔驰公司、大众公司、奥迪公司老牌公司的老家，法兰克福车展正是他们一展身手的好机会。如图 11－16 所示为第 62 届法兰克福车展。

图 11－16　聚光灯下的精彩——第 62 届法兰克福车展①

5. 东京车展

东京车展是五大车展中历史最短的，被誉为“亚洲汽车风向标”，创办于 19 世纪 50 年代，逢单数年秋季举办。东京车展还是亚洲最大的国际车展。第一次国际车展始于 1954 年。东京对于世界汽车市场有较深的影响，对于亚洲汽车市场更有着重要的意义。

该车展在日本东京附近的千叶县举行，其各类电子三维展示装备让车展的参观者有“头晕目眩”的奇妙感。东京车展具有鲜明的特点：日本本土车厂出产的五花八门、千姿百态的小型汽车历来是车展的主角。同时，各种各样的汽车电子设备和技术也是展会的亮点之一。1999 年的东京车展创下了参观人数达 140 万的世界纪录，足见它的热闹程度。图 11－17 所示为 2011 东京车展。

①http：//info. autofan. com. cn/info/2007－10－12/3/10001841. xhtml，来源：汽车之友，作者：本刊编辑部，责任编辑：高华，2007 年 10 月 12 日.

图 11－17　底特律三巨头将再度缺席 2011 东京车展①

6. 中国车展

我国有几个比较有名的车展。如北京车展、上海车展、广州车展等。

北京国际汽车展览会，简称“北京车展”，自 1990 年创办以来，两年一届，已经连续举办过八届。至今已走过 17 年的发展历程，该展览会每逢双年在北京中国国际展览中心和全国农业展览馆举行，是在国际汽车展览会中著名的品牌展会之一。对促进中外汽车界的交流与合作、加快中国汽车工业的发展起到了积极的推动作用。如图 11－18所示为 2010 北京车展。

图 11－18　2010 北京车展 e4 展馆②

①http：//roll. sohu. com/20110428/n310351872. shtml，来源：商都汽车，2011 年 4 月 28 日 09：23.
②http：//photo. autoday. com. cn/photo/12359. html.

上海车展创办于1985年，是中国最早的专业国际汽车展览会，是亚洲最大规模的车展，逢单数年举办，目前已经成功举办了十三届。如图11－19所示为2009上海国际车展。

图11－19　2009上海国际车展①

中国（广州）国际汽车展览会创办于2003年，基于“高品位、国际化、综合性”的定位，经过几年的发展，已成为中国大型国际车展之一。如图11－20所示为2011广州车展。

图11－20　2011款飞度亮相广州车展②

①http：//2010.qq.com/a/20090916/000055.html，来源：腾讯世博，2009年09月16日15：07.
②http：//0351auto.net/newsinfo.aspx? id=18697，来源：易车网，2010年12月29日.

任务三 了解世界汽车界名人

汽车从发明、发展至今拥有悠久的历史，在这个过程中有无数来自世界各地的人们贡献着自己的力量，他们有的名垂汽车发展史册，但更多的是默默的付出，下面我们来一起认识一下他们的代表。

1. 卡尔·本茨和戈特利布·戴姆勒

卡尔·本茨（如图 11－21 所示）和戈特利布·戴姆勒（如图 11－22 所示）同时在 1886 年发明了汽车，同年卡尔·本茨在德国申请并获得了专利，他们后来被称为现代汽车之父。而后他们分别创办了奔驰汽车公司和戴姆勒汽车公司，1926 年 6 月 29 日，戴姆勒公司与奔驰公司正式合并，成立了戴姆勒—奔驰公司，成为“强强联合”的首创者，如今已发展为拥有 18 万职工的跨国集团公司，是世界汽车界举足轻重的企业。

图 11－21 卡尔·本茨

图 11－22 戈特利布·戴姆勒

2. 亨利·福特

1903 年 6 月 16 日，福特汽车公司在底特律的一间由货车车间改造而成的窄小工厂中宣告成立。当时汽车属于有钱人的玩具。但是，亨利·福特（如图 11－23 所示）梦想制造人人都买得起的汽车。T 型车实现了他的梦想，成为当时最为著名的汽车。原因是福特把流水线作业引入到汽车生产中，使汽车批量生产，大大降低了成本，一辆汽车的平均价格大概在 400 美元。T 型车赢得了千千万万美国人的心，第一年的产量达到 10660 辆，打破了当时汽车业有史以来的所有纪录。福特使汽车走进了千家万户，而流水线生产对汽车业的发展有着深远的意义。

3. 奥古斯特·霍希

人们对奥古斯特·霍希这个名字一定很陌生，但是提到奥迪汽车却家喻户晓。奥古斯特·霍希（如图 11－24 所示）于 1909 年 6 月 16 日在茨维考（Zwickau）创立。当时为避免侵权，新公司不能以霍希的名字命名，霍希想到其名字的德文词义“听!”在拉丁文中的对应词为“Audi”，遂将新公司命名为“Audi”（奥迪）公司。1910 年 4 月 25 日，霍希又在茨维考将该公司改造成为奥迪汽车股份有限公司。而后于 1932 年由老奥迪、DKW、霍希和漫游者四个独立的汽车制造公司合并而成，四环标志就代表这四个公司。

图 11－23　亨利·福特

图 11－24　奥古斯特·霍希

4. 安德鲁·雪铁龙

安德鲁·雪铁龙（如图 11－25 所示）于 1919 年建造以自己名字命名的汽车工厂“CITROEN”，而厂标的双“V”形图案就是为了纪念当年的齿轮厂。安德鲁精心打造雪铁龙这个品牌，他梦想着有一天能达到日产千辆的水平，真正使一般家庭都拥有经济、舒适的小轿车。就这样，安德鲁踌躇满志地开始了自己日后叱咤风云的汽车产业。

图 11－25　安德鲁·雪铁龙

5. 丰田喜一郎

丰田喜一郎（如图 11－26 所示）于 1933 年，以每月投资 13 万美元在 Toyoda（喜一郎父亲创办的棉纺厂）中成立了汽车部。1933 年 5 月第一辆命名为 AA 的汽车问世。1 年后，A1 开始小批量生产。这是一款大型轿车，外壳呈流线形，很美观，模仿当时的克莱斯勒 Airflow 车型，配备 6 缸 3.4 升发动机，输出功率为 62 马力（46 千瓦）。后来改名为 Toyota。

6. 德·哈特

19 世纪初，在英国中部的约克城，红、绿装分别代表女性的不同身份。英国伦敦议会大厦前经常发生马车轧人的事故，于是人们受到红绿装启发，1868 年 12 月 10 日，信号灯家族的第一个成员就在伦敦议会大厦的广场上诞生了，由当时英国机械师德·哈特设计、制造的灯柱高 7m，身上挂着一盏红、绿两色的提灯——煤气交通信号灯，这是城市街道的第一盏信号灯。在灯的脚下，一名手持长杆的警察随心所欲地牵动皮带转换提灯的颜色。后来在信号灯的中心装上煤气灯罩，它的前面有两块红、绿玻璃交替遮挡。不幸的是只面世 23 天的煤气灯突然爆炸自灭，使一位正在值勤的警察也因此断送了性命。从此，城市的交通信号灯被取缔了。直到 1914 年，在美国的克利夫兰市才率先恢复了红、绿灯，不过，这时已是“电气信号灯”。稍后又在纽约和芝加哥等城市，相继重新出现了交通信号灯。

7. 饶斌

饶斌（如图 11－27 所示）被人们誉为“中国的汽车之父”。在中国的汽车工业的历史上：他当过第一汽车厂厂长，第二汽车厂（东风集团）厂长，机械工业部部长，党组书记，中国汽车工业公司董事长，党组书记。在退居二线之后，进入中央顾问委员会，仍然为推进中国汽车工业的发展，不辞辛劳，日夜奔忙，呕心沥血，直到他走完人生的最后一个时刻。

图 11－26　丰田喜一郎

图 11－27　饶斌

模块小结

国内比较熟悉的汽车比赛有世界一级方程式锦标赛 F1、世界拉力锦标赛、世界房车锦标赛、达喀尔拉力赛、勒芒 24 小时耐力赛、卡丁车赛、DTM 房车赛、A1 大奖赛等。

世界一级方程式锦标赛（Formula One），简称为 F1，是由国际汽车联盟（FIA）举办的最高等级的年度系列场地赛车比赛，全名是"一级方程式锦标赛"，是当今世界最高水平的赛车比赛，与奥运会、世界杯足球赛并称为"世界三大赛"。

WRC 世界越野锦标赛可以说是所有赛车种类中最严苛，也最接近真实世界的赛车，只要有路的地方，WRC 就能比赛。

世界房车锦标赛 WTCC，即世界房车锦标赛，是 FIA 国际汽联于 2005 年新推出的一项全球性汽车赛事，它的前身即为欧洲房车锦标赛。

巴黎—达喀尔拉力赛，简称达喀尔拉力赛，是一个每年都会举行的专业越野拉力赛。比赛对车手是否为职业选手并无限制，80%左右的参赛者都为业余选手。

勒芒距法国巴黎西南约 200 千米，是一个人口约 20 万的商业城市。这个小城市能够闻名于世界，主要是因为每年 6 月举行的被称为最辛苦、最乏味的单项赛事——"勒芒 24 小时耐力赛"。

DTM 房车赛是当今世界最著名的房车赛之一，在房车比赛类型中属于最高级别，曾被誉为"装上房车外壳的 F1"。

A1 大奖赛（A1 Grand Prix）是首次以国家为参赛单位的赛车运动。

卡丁车赛（Karting）是汽车场地比赛项目的一种。卡丁车是世界方程式赛车的最初级形式，始于 1940 年。

世界五大车展分别是北美车展、巴黎车展、日内瓦车展、法兰克福车展、东京车展。

与汽车相关的著名人物有：卡尔·本茨和戈特利·戴姆勒被称为现代汽车之父。他们分别创办了奔驰汽车公司和戴姆勒汽车公司。后来两个公司合并为奔驰公司。亨利·福特把流水线作业引入到汽车生产中。T 型车赢得了千千万万美国人的心，第一年的产量达到 10660 辆，使汽车走进了美国家庭。奥古斯特·霍希是奥迪汽车公司创始人。安德鲁·雪铁龙于 1919 年建造以自己名字命名的汽车工厂。他梦想着有一天能达到日产千辆的水平，真正使一般家庭都拥有经济、舒适的小轿车。丰田喜一郎于 1933 年每月仅投资 13 万美元在 Toyoda（喜一郎父亲创办的棉纺厂）中成立了汽车部。1868 年 12 月 10 日，英国机械师德·哈特设计、制造的灯柱高 7 米，身上挂着一盏红、绿两色的提灯—煤气交通信号灯，这是城市街道的第一盏信号灯。饶斌被人们誉为"中国的汽车之父"。

参考文献

[1] 金国栋．汽车概论［M］．北京：机械工业出版社，2009.

[2] 陈文华．汽车概论［M］．北京：机械工业出版社，2009.

[3] 王世震，张松青．汽车概论［M］．北京：高等教育出版社，2008.

[4] 蔡昶文，陆松波．汽车认识［M］．广州：华南理工大学出版社，2009.

[5] 蔡兴旺．汽车概论［M］．北京：机械工业出版社，2008.

[6] 宋卫东．汽车元素：汽车技术的今天与明天［M］．北京：机械工业出版社，2009.

[7] 嵇伟．汽车运行材料［M］．北京：人民交通出版社，2007.

[8] 王杨．汽车使用与保养［M］．北京：北京理工大学出版社，2010.

[9] 凌永成，李雪飞．汽车运用基础［M］．北京：北京大学出版社，2008.

[10] 雷琼红．汽车使用与技术管理［M］．北京：人民交通出版社，2009.

[11] 谭行．辨车其实很简单：车标、号牌和车型的识别［M］．广州：广东科技出版社，2009.

[12] 陈新亚．汽车不神秘：汽车构造透视图典［M］．北京：机械工业出版社，2010.

[13] 刘振楼．汽车行驶与安全系统维修专门化［M］．北京：人民交通出版社，2003.

[14] 夏令伟．汽车电控发动机构造与维修［M］．北京：人民交通出版社，2002.

[15] 陈家瑞．汽车构造（上册）［M］．北京：机械工业出版社，2009.

[16] 刘卫平．车迷常识［M］．北京：科学出版社，2005.

[17] 北京市公安局公安交通管理局车辆管理所．机动车驾驶员道路交通安全法规与相关知识必读［M］．北京：中国标准出版社，2008.

[18] 陈新亚．大画汽车：图解汽车奥秘［M］．北京：化学工业出版社，2010.

[19] 李敏．汽车与陆上交通工具的故事［M］．大连：大连出版社，2009.

[20] 刘刊，侯明月．新能源汽车大讲堂［M］．北京：人民交通出版社，2011.

[21] 高晗，赵春园．汽车文化［M］．北京：中国铁道出版社，2011.

[22] 董继明．汽车文化［M］．北京：北京理工大学出版社，2009.

[23] http：//wenku. baidu. com/view/c9caeeb765ce0508763213b6. html.

[24] http：//wenku. baidu. com/view/260273370b4c2e3f5727631a. html.

附　录

附录一　机动车交通事故快速处理协议书

<table>
<tr><td>事故时间</td><td colspan="3">年　月　日　时　分</td><td>事故地点</td><td colspan="3"></td></tr>
<tr><td>代码</td><td>姓名</td><td>驾驶证号或身份证号</td><td>车辆牌号</td><td>保险公司</td><td>电话</td><td colspan="2">保险公司报案号</td></tr>
<tr><td>A</td><td></td><td></td><td></td><td></td><td></td><td colspan="2"></td></tr>
<tr><td>B</td><td></td><td></td><td></td><td></td><td></td><td colspan="2"></td></tr>
<tr><td>C</td><td></td><td></td><td></td><td></td><td></td><td colspan="2"></td></tr>
<tr><td rowspan="3">事故情形</td><td colspan="7">1. 追尾的 □　2. 逆行的 □　3. 倒车的 □　4. 溜车的 □　5. 开关车门的 □　6. 违反交通信号的 □　7. 未按规定让行的 □</td></tr>
<tr><td colspan="2">8. 依法应负全部责任的其他情形 □</td><td colspan="5">情形描述：</td></tr>
<tr><td colspan="2">9. 双方应负同等责任的 □</td><td colspan="5">情形描述：</td></tr>
<tr><td>伤情及物损情况</td><td colspan="7"></td></tr>
<tr><td rowspan="2">当事人责任</td><td colspan="2">A方负本起事故</td><td colspan="3">B方负本起事故</td><td colspan="2">C方负本起事故</td></tr>
<tr><td colspan="2">1. 全部责任 □
2. 同等责任 □
3. 无责任 □</td><td colspan="3">1. 全部责任 □
2. 同等责任 □
3. 无责任 □</td><td colspan="2">1. 全部责任 □
2. 同等责任 □
3. 无责任 □</td></tr>
<tr><td colspan="8">以上填写内容均为事实，如有不实，愿负法律责任。
A签名：＿＿＿＿＿＿　B签名：＿＿＿＿＿＿　C签名：＿＿＿＿＿＿</td></tr>
<tr><td>赔偿情况</td><td colspan="7">自愿放弃保险索赔，自行解决协议如下：
A签名：＿＿＿＿＿＿　B签名：＿＿＿＿＿＿　C签名：＿＿＿＿＿＿</td></tr>
</table>

此协议书可以到北京交管局网站（www. bjjtgl. gov. cn）、北京保监局网站（www. circ. gov. cn/beijing）下载。

北京市公安局公安交通管理局、中国保险监督管理委员会北京监管局监制。

附录二 机动车注册、转移、注销登记/转入申请表

<table>
<tr><td colspan="2">号牌种类</td><td colspan="2"></td><td>号牌号码</td><td colspan="2"></td></tr>
<tr><td colspan="2">申请事项</td><td colspan="5">□注册登记 □注销登记 □转入
□车辆管理所辖区内的转移登记 □转出车辆管理所辖区的转移登记</td></tr>
<tr><td colspan="2">注销登记原因</td><td colspan="5">□报废 □灭失 □退车 □出境</td></tr>
<tr><td rowspan="3">机动车</td><td>品牌型号</td><td colspan="2"></td><td>车辆识别代号</td><td colspan="2"></td></tr>
<tr><td>获得方式</td><td colspan="5">□购买 □境外自带 □继承 □赠与 □协议抵偿债务 □协议离婚 □中奖 □调拨
□资产重组 □资产整体买卖 □仲裁裁决 □法院调解 □法院裁定 □法院判决 □其他</td></tr>
<tr><td>使用性质</td><td colspan="5">□非营运 □公路客运 □公交客运 □出租客运 □旅游客运 □租赁 □教练
□幼儿校车 □小学生校车 □其他校车 □货运 □危险化学品运输 □警用
□消防 □救护 □工程救险 □营转非 □出租营转非</td></tr>
<tr><td rowspan="4">机动车所有人</td><td>姓名/名称</td><td colspan="4"></td><td rowspan="3">机动车所有人及代理人对申请材料的真实有效性负责</td></tr>
<tr><td>邮寄地址</td><td colspan="4"></td></tr>
<tr><td>邮政编码</td><td></td><td>固定电话</td><td colspan="2"></td></tr>
<tr><td>电子信箱</td><td></td><td>移动电话</td><td colspan="2"></td><td rowspan="3">机动车所有人签字：
年 月 日</td></tr>
<tr><td colspan="2" rowspan="2">转移出车辆管理所辖区的转移登记</td><td colspan="4">转入： 省（自治区、直辖市）</td></tr>
<tr><td colspan="4">车辆管理所</td></tr>
<tr><td rowspan="5">代理人</td><td>姓名/名称</td><td colspan="4"></td><td rowspan="5">代理人签字：
年 月 日</td></tr>
<tr><td>邮寄地址</td><td colspan="4"></td></tr>
<tr><td>邮政编码</td><td></td><td>联系电话</td><td colspan="2"></td></tr>
<tr><td>电子信箱</td><td colspan="4"></td></tr>
<tr><td>经办人姓名</td><td></td><td>联系电话</td><td colspan="2"></td></tr>
</table>

填表说明

1. 填写时请使用黑色或者蓝色墨水笔，字体工整，不得涂改；

2. 标注有“□”符号的为选择项目，选择后在“□”中画“√”，各栏目只能选择一项；

3. “邮寄地址”栏，填写可通过邮寄送达的地址；

4. “电子信箱”栏，填写接收电子邮件的 E-mail 地址，尚未申请电子信箱的可以不填写；

5. “机动车”栏的“品牌型号”项目，按照车辆的技术说明书、合格证等资料标注的内容填写；

6. “机动车所有人签字”栏，机动车属于个人的，由机动车所有人签字，属于单位的，由单位的被委托人签字。由代理人代为办理的，机动车所有人不签字；

7. “代理人签字”栏，属于个人代理的，填写代理人的姓名、邮寄地址、邮政编码、联系电话和电子信箱，在代理人栏内签名，不必填写经办人姓名等项目；属于单位代理的，应填写代理人栏的所有内容，代理单位的经办人签字；属于单位的机动车，由本单位被委托人办理的不需填写本栏；

8. “号牌种类”栏，按照大型汽车号牌、小型汽车号牌、普通摩托车号牌、轻便摩托车号牌、低速车号牌、挂车号牌、使馆汽车号牌、使馆摩托车号牌、领馆汽车号牌、领馆摩托车号牌、教练汽车号牌、教练摩托车号牌、警用汽车号牌、警用摩托车号牌填写。

附录三　2011年最新修订的《中华人民共和国道路交通安全法》第四章

第四章　道路通行规定

第一节　一般规定

第三十五条　机动车、非机动车实行右侧通行。

第三十六条　根据道路条件和通行需要，道路划分为机动车道、非机动车道和人行道的，机动车、非机动车、行人实行分道通行。没有划分机动车道、非机动车道和人行道的，机动车在道路中间通行，非机动车和行人在道路两侧通行。

第三十七条　道路划设专用车道的，在专用车道内，只准许规定的车辆通行，其他车辆不得进入专用车道内行驶。

第三十八条　车辆、行人应当按照交通信号通行；遇有交通警察现场指挥时，应当按照交通警察的指挥通行；在没有交通信号的道路上，应当在确保安全、畅通的原则下通行。

第三十九条　公安机关交通管理部门根据道路和交通流量的具体情况，可以对机动车、非机动车、行人采取疏导、限制通行、禁止通行等措施。遇有大型群众性活动、大范围施工等情况，需要采取限制交通的措施，或者作出与公众的道路交通活动直接有关的决定，应当提前向社会公告。

第四十条　遇有自然灾害、恶劣气象条件或者重大交通事故等严重影响交通安全的情形，采取其他措施难以保证交通安全时，公安机关交通管理部门可以实行交通管制。

第四十一条　有关道路通行的其他具体规定，由国务院规定。

第二节　机动车通行规定

第四十二条　机动车上道路行驶，不得超过限速标志标明的最高时速。在没有限速标志的路段，应当保持安全车速。

夜间行驶或者在容易发生危险的路段行驶，以及遇有沙尘、冰雹、雨、雪、雾、结冰等气象条件时，应当降低行驶速度。

第四十三条　同车道行驶的机动车，后车应当与前车保持足以采取紧急制动措施的安全距离。有下列情形之一的，不得超车：

（一）前车正在左转弯、掉头、超车的；

（二）与对面来车有会车可能的；

（三）前车为执行紧急任务的警车、消防车、救护车、工程救险车的；

（四）行经铁路道口、交叉路口、窄桥、弯道、陡坡、隧道、人行横道、市区交通流量大的路段等没有超车条件的。

第四十四条 机动车通过交叉路口，应当按照交通信号灯、交通标志、交通标线或者交通警察的指挥通过；通过没有交通信号灯、交通标志、交通标线或者交通警察指挥的交叉路口时，应当减速慢行，并让行人和优先通行的车辆先行。

第四十五条 机动车遇有前方车辆停车排队等候或者缓慢行驶时，不得借道超车或者占用对面车道，不得穿插等候的车辆。

在车道减少的路段、路口，或者在没有交通信号灯、交通标志、交通标线或者交通警察指挥的交叉路口遇到停车排队等候或者缓慢行驶时，机动车应当依次交替通行。

第四十六条 机动车通过铁路道口时，应当按照交通信号或者管理人员的指挥通行；没有交通信号或者管理人员的，应当减速或者停车，在确认安全后通过。

第四十七条 机动车行经人行横道时，应当减速行驶；遇行人正在通过人行横道，应当停车让行。

机动车行经没有交通信号的道路时，遇行人横过道路，应当避让。

第四十八条 机动车载物应当符合核定的载质量，严禁超载；载物的长、宽、高不得违反装载要求，不得遗洒、飘散载运物。

机动车运载超限的不可解体的物品，影响交通安全的，应当按照公安机关交通管理部门指定的时间、路线、速度行驶，悬挂明显标志。在公路上运载超限的不可解体的物品，并应当依照公路法的规定执行。

机动车载运爆炸物品、易燃易爆化学物品以及剧毒、放射性等危险物品，应当经公安机关批准后，按指定的时间、路线、速度行驶，悬挂警示标志并采取必要的安全措施。

第四十九条 机动车载人不得超过核定的人数，客运机动车不得违反规定载货。

第五十条 禁止货运机动车载客。

货运机动车需要附载作业人员的，应当设置保护作业人员的安全措施。

第五十一条 机动车行驶时，驾驶人、乘坐人员应当按规定使用安全带，摩托车驾驶人及乘坐人员应当按规定戴安全头盔。

第五十二条 机动车在道路上发生故障，需要停车排除故障时，驾驶人应当立即开启危险报警闪光灯，将机动车移至不妨碍交通的地方停放；难以移动的，应当持续开启危险报警闪光灯，并在来车方向设置警告标志等措施扩大示警距离，必要时迅速报警。

第五十三条 警车、消防车、救护车、工程救险车执行紧急任务时，可以使用警报器、标志灯具；在确保安全的前提下，不受行驶路线、行驶方向、行驶速度和信号灯的限制，其他车辆和行人应当让行。

警车、消防车、救护车、工程救险车非执行紧急任务时，不得使用警报器、标志灯具，不享有前款规定的道路优先通行权。

第五十四条 道路养护车辆、工程作业车进行作业时，在不影响过往车辆通行的前提下，其行驶路线和方向不受交通标志、标线限制，过往车辆和人员应当注意避让。

洒水车、清扫车等机动车应当按照安全作业标准作业；在不影响其他车辆通行的情况下，可以不受车辆分道行驶的限制，但是不得逆向行驶。

第五十五条　高速公路、大中城市中心城区内的道路，禁止拖拉机通行。其他禁止拖拉机通行的道路，由省、自治区、直辖市人民政府根据当地实际情况规定。

在允许拖拉机通行的道路上，拖拉机可以从事货运，但是不得用于载人。

第五十六条　机动车应当在规定地点停放。禁止在人行道上停放机动车；但是，依照本法第三十三条规定施划的停车泊位除外。

在道路上临时停车的，不得妨碍其他车辆和行人通行。

第三节　非机动车通行规定

第五十七条　驾驶非机动车在道路上行驶应当遵守有关交通安全的规定。非机动车应当在非机动车道内行驶；在没有非机动车道的道路上，应当靠车行道的右侧行驶。

第五十八条　残疾人机动轮椅车、电动自行车在非机动车道内行驶时，最高时速不得超过十五公里。

第五十九条　非机动车应当在规定地点停放。未设停放地点的，非机动车停放不得妨碍其他车辆和行人通行。

第六十条　驾驭畜力车，应当使用驯服的牲畜；驾驭畜力车横过道路时，驾驭人应当下车牵引牲畜；驾驭人离开车辆时，应当拴系牲畜。

第四节　行人和乘车人通行规定

第六十一条　行人应当在人行道内行走，没有人行道的靠路边行走。

第六十二条　行人通过路口或者横过道路，应当走人行横道或者过街设施；通过有交通信号灯的人行横道，应当按照交通信号灯指示通行；通过没有交通信号灯、人行横道的路口，或者在没有过街设施的路段横过道路，应当在确认安全后通过。

第六十三条　行人不得跨越、倚坐道路隔离设施，不得扒车、强行拦车或者实施妨碍道路交通安全的其他行为。

第六十四条　学龄前儿童以及不能辨认或者不能控制自己行为的精神疾病患者、智力障碍者在道路上通行，应当由其监护人、监护人委托的人或者对其负有管理、保护职责的人带领。

盲人在道路上通行，应当使用盲杖或者采取其他导盲手段，车辆应当避让盲人。

第六十五条　行人通过铁路道口时，应当按照交通信号或者管理人员的指挥通行；没有交通信号和管理人员的，应当在确认无火车驶临后，迅速通过。

第六十六条　乘车人不得携带易燃易爆等危险物品，不得向车外抛洒物品，不得有影响驾驶人安全驾驶的行为。

第五节　高速公路的特别规定

第六十七条　行人、非机动车、拖拉机、轮式专用机械车、铰接式客车、全挂拖斗车以及其他设计最高时速低于七十公里的机动车，不得进入高速公路。高速公路限速标志标明的最高时速不得超过一百二十公里。

第六十八条 机动车在高速公路上发生故障时，应当依照本法第五十二条的有关规定办理；但是，警告标志应当设置在故障车来车方向一百五十米以外，车上人员应当迅速转移到右侧路肩上或者应急车道内，并且迅速报警。

机动车在高速公路上发生故障或者交通事故，无法正常行驶的，应当由救援车、清障车拖曳、牵引。

第六十九条 任何单位、个人不得在高速公路上拦截检查行驶的车辆，公安机关的人民警察依法执行紧急公务除外。

本书收入了大量的精彩图片，我们在编写过程中，与这些图片的作者进行了广泛的联系，得到了他们的大力支持和帮助，予以方便。在此特表示衷心的感谢！但是由于种种原因，仍有部分作者未能联系上，还请这些图片的作者与我们联系，以便及时联系沟通。

非常感谢！

地址：北京市丰台区南四环西路总部基地　100070

电话：010－52227588